世界级旅游度假区理论内涵与发展路径研究

黄 璜 著

中国财经出版传媒集团

经济科学出版社
Economic Science Press

·北京·

图书在版编目（CIP）数据

世界级旅游度假区理论内涵与发展路径研究/黄璜
著．－－北京：经济科学出版社，2024.1
ISBN 978－7－5218－5565－4

Ⅰ．①世…　Ⅱ．①黄…　Ⅲ.①旅游区－旅游业发展－
研究－中国　Ⅳ.①F592.3

中国国家版本馆 CIP 数据核字（2024）第 034257 号

责任编辑：李晓杰
责任校对：王京宁
责任印制：张佳裕

世界级旅游度假区理论内涵与发展路径研究

黄　璜　著

经济科学出版社出版、发行　新华书店经销
社址：北京市海淀区阜成路甲 28 号　邮编：100142
教材分社电话：010－88191645　发行部电话：010－88191522
网址：www. esp. com. cn
电子邮箱：lxj8623160@ 163. com
天猫网店：经济科学出版社旗舰店
网址：http://jjkxcbs. tmall. com
北京密兴印刷有限公司印装
710×1000　16 开　12.75 印张　180000 字
2024 年 1 月第 1 版　2024 年 1 月第 1 次印刷
ISBN 978－7－5218－5565－4　定价：56.00 元
（图书出现印装问题，本社负责调换。电话：010－88191545）
（版权所有　侵权必究　打击盗版　举报热线：010－88191661
QQ：2242791300　营销中心电话：010－88191537
电子邮箱：dbts@esp. com. cn）

前　言

　　《中华人民共和国国民经济和社会发展第十四个五年规划和2035年远景目标纲要》《"十四五"旅游业发展规划》提出要建设一批富有文化底蕴的世界级旅游度假区，并明确了建设世界级旅游度假区的阶段目标、总体思路和保障政策。世界级旅游度假区将成为我国旅游业高质量发展和建设旅游强国的重要支撑。

　　虽然我国的旅游度假区已经具有较大规模，但世界级旅游度假区在我国还是新生事物，相关研究成果较少。2025年我国将建成首批世界级旅游度假区，本书从理论框架、产业环境和发展路径等三个维度展开世界级旅游度假区研究，希望能为我国的世界级旅游度假区创建工作提供理论参考和实践指引。

　　本书共分为九章：第一章研究了国内外旅游度假区的发展历史，以及我国旅游度假区管理制度的演变；第二章梳理了国内外关于旅游度假区的学术研究成果，并结合中国现阶段的产业现状和管理实践，从类型划分、空间形态、度假产品、演进规律等角度对旅游度假区展开研究；第三章对10个国外著名旅游度假区进行了典型案例研究，总结了它们的演变规律和共性特征；第四章从需求层面研究了我国居民休闲行为和国内旅游市场特征，并对国内外的带薪休假开展对比研究；第五章从供给层面研究了我国旅游度假产业的战略背景和发展趋势；第六章研究了世界级旅游度假区的主要目标，包括概念界定、发展目标、共性特征和建设要点等内容；第七章研究了世界级旅游度假区要实现发展目标所需要开展的重点工作；第八章提出了评价世界级旅游度假区创建效果的指引体系；第九章为各级政府提出了开展世界级旅游度假区工作的建议方案。

本书在写作的过程中可能还存在各种各样的问题，由于笔者水平有限，还请读者不吝赐教。

黄 璜

2023 年 12 月

目

录

contents

第 一 章

旅游度假区发展历史沿革

本章将对旅游度假区的起源和发展历史进行梳理，并对现行的旅游度假区等级划分标准和管理制度进行简要述评。

第一节　旅游度假区发展历程

度假旅游活动自古以来就有。在欧洲，公共浴室早在公元前 2 世纪就出现了，最早的旅游度假区是围绕着温泉资源建设的，并在此基础上不断完善休闲娱乐功能，主要为军团成员和罗马驻各地领事服务。随着罗马帝国的扩张，温泉旅游度假区也从罗马扩散到了整个罗马帝国。例如，英国巴斯的"苏丽丝之水"温泉设施遗址可以追溯到公元 54 年。罗马帝国在 5 世纪逐步衰落，欧洲的旅游度假区发展也进入了较长的停滞期。直到 17 世纪，随着道路状况的改善以及公共马车服务的出现，欧洲的温泉旅游度假区又再次兴起，它们首先为精英和富人阶层服务，随着社会的发展逐步普及为普通大众服务，并涌现出了巴斯（英国）、滕布里奇韦尔斯（英国）、巴尔拉克酒店（瑞士）等著名旅游度假区，核心度假资源也从温泉拓展到了海滨、山地、滑雪等。在我国，最早的旅游度假区是以皇家园林的形式出现的，秦汉的上林苑、唐代的华清宫、宋代的艮岳、明代的西苑、清代的圆明园和避暑山庄等都是当时世界上的顶级旅游度假区，但它们的服务对象仅限于皇家贵族，与普通百姓毫无交集。

旅游度假区开始成为我国旅游产业的重要组成部分，则只有 31 年的历史。1992 年，《国务院关于试办国家旅游度假区有关问题的通知》正式印发，旅游度假区的理论概念和产品业态逐渐被我国的产业界和旅游者所接受。国家当时希望在条件成熟的地方试办符合国际度假旅游要求的国家旅游度假区，鼓励外商投资开发旅游设施和经营旅游项目，建成以接待海外旅游者为主的综合性旅游区，以达到增加旅游外汇收入的目的。

从实际的建设效果来看，1992 年国家批准成立了三亚亚龙湾、大连金石滩、上海佘山、苏州太湖、无锡太湖、杭州之江、福建武夷山、湄洲岛、青岛石老人、广州南湖、北海银滩、昆明滇池等 12 家"旅游度假资源丰富、客源基础较好、交通便捷、对外开放工作有较好基础"的国家旅游度假区。但是，在我国大众旅游时代崛起的时代背景下，国家旅游度假区带来了远比"增加旅游外汇收入"更多的发展红利，它们的经济效益和社会效益不仅仅局限于入境旅游，而且引领了我国旅游业从观光旅游为主向观光和度假并重的转型升级进程，对于我国度假旅游的观念普及、产业培育、产品设计、市场开拓和制度创新等都发挥了重要的探索作用。

2015 年，国家旅游局公布了第一批 17 家国家级旅游度假区，2017 年又公布了 9 家国家级旅游度假区。2018 年，文化和旅游部正式成立，将世界级旅游度假区创建作为重点工作，2019 ~ 2023 年公布了 4 批（共 37 家）国家级旅游度假区。截至 2023 年 12 月，我国的国家级旅游度假区共有 63 家，再加上 1992 年设立的 12 家国家旅游度假区，以及省级主管部门批准的 456 家省级旅游度假区（2018 年数据），无论是与大众快速增长的度假旅游需求相比，还是与发达国家横向对比，我国的旅游度假区发展都进入了快车道。在新时代旅游业高质量发展的背景下，国家级旅游度假区需要进一步向世界级迈进，也需要进一步破解发展过程中出现的诸多新问题。

第二节　旅游度假区管理制度

为了推进我国旅游度假区发展，原国家旅游局于 2010 年公布了国家标准《旅游度假区等级划分》（GB/T 26358 – 2010），文化和旅游部于 2022 年修订了国家标准《旅游度假区等级划分》（GB/T 26358 – 2022），并在此基础上出台了等级评价细则。最新版的《旅游度假区等级划分》（GB/T 26358 – 2022）将旅游度假区从高到低分为国家级旅游度假区、省级旅游度假区两个等级，从度假资源与环境、度假产品、度假公共服务、管理与运营、市场结构与影响力、生态文明与社会效益等六大方面确定了旅游度假区的等级划分条件，涵盖了住宿、休闲娱乐活动、餐饮、购物、旅游交通服务等主要旅游要素。2019 年文化和旅游部公布了《国家级旅游度假区管理办法》，包括国家级旅游度假区的定义、认定标准、申报条件、申报材料、认定程序和动态管理机制等内容。

文化和旅游部的现行国家级旅游度假区管理制度更体现"结果导向"的理念，更侧重于对"建设结果"的评价，而不是对"建设投入"的规范，更有利于各级地方政府和旅游度假区主体发挥主观能动性和创新优势，以《旅游度假区等级划分》（GB/T 26358 – 2022）确定的国家级和省级标准为目标，走出符合自身实际情况的旅游度假区发展路径，与 1992 年探索性的旅游度假区管理办法相比已经有了长足进步。但是，在我国旅游业高质量发展的背景下，世界级旅游度假区的发展目标又对我国旅游产业提出了更高要求，既包括旅游度假区产品体系和服务品质的提升，又包括旅游度假区内生创新能力和外部营商环境的改善，需要我们在原有国家级旅游度假区基础上深入推进制度创新。

第二章

旅游度假区发展理论前沿

本章针对国内外前沿学术文献进行系统综述，从理论视角研究旅游度假区发展的市场结构、产品特征、模式类型、演化规律，为研究世界级旅游度假区提供理论支撑。

第一节　旅游度假区的类型划分研究

从传统概念来看，旅游度假区一般被认为是能让游客脱离工作劳动以休养恢复的地方。但是，学术界针对旅游度假区的类型划分却还没有达成共识。

从类型划分上看，学者们针对旅游度假区的关注重点各不相同，包括了度假酒店（Dwyer et al.，1998）、商业度假村（Baud – Bovy & Lawson，1998）、度假中心（Bachvarov，1999）、大型博彩度假综合体（Cummings，1997）、度假俱乐部（King & Whitelaw，1992）、综合型旅游度假区（Stiles & See – Tho，1991）、度假综合体（Coles，2004）、度假企业（Hammes，1994）、康养度假区（Cockerell，1996）等多种类型。

因此，研究世界级旅游度假区建设，首先应从理论视角对旅游度假区的类型进行细分，进而结合我国实践研究世界级旅游度假区的具体类型。

一、按照市场范围分类

旅游度假区依据与主要客源市场的距离，可以划分为全国（国际）旅游度假区和区域旅游度假区。

全国（国际）旅游度假区旅游吸引力较强，也被称为目的地旅游度假区，一般能辐射到全国甚至国外的远程客源市场，客源地到旅游度假区的距离在数百公里以上，旅游者需要乘坐飞机等远程快速交通工具前往，他们的出游频率相对较低，但可能停留长达数周时间。

区域旅游度假区旅游吸引力较弱，一般仅能辐射到省份内或相邻省份间的近程客源市场，客源地到旅游度假区一般仅有数个小时的车程，旅游者主要依靠自驾车前往，他们的出游频率较为频繁，一般仅停留数天时间。

一般而言，高等级旅游度假区也兼具低等级旅游度假区的各种功能，在吸引远程旅游者的同时，也同时为近程旅游者服务。

二、按照度假资源分类

旅游度假区根据旅游场景和核心度假资源，可以分为海滨、湖泊（河流）、山地（滑雪）、高尔夫、网球、马术、农场、康养、自然景观、运动探险和主题娱乐等多种类型。

核心度假资源可以是自然资源，例如滨海旅游度假区的主要度假资源主要包括沙滩、海景、气候等。核心度假资源也可以是人造资源，例如以主题公园、文化娱乐为主要度假产品的旅游度假区。度假资源也可以同时包括自然和人造资源，例如湖泊旅游度假区既依靠湖泊等自然景观，也依靠水上运动娱乐等人造设施。

近年来，邮轮旅游在全世界成为重要的度假方式。邮轮本身就具有成体系配套的度假产品和设施，因此可以将邮轮看作漂浮流动且能与多个旅游目的地动态整合的特殊旅游度假区。

三、按照旅游住宿方式分类

旅游度假区的度假旅游重游率高，游客停留时间长，旅游度假产品丰富。因此，与传统旅游景区相比，旅游度假区所需的投资规模更大，度假旅游者也具有了一定程度的短期居民特征。旅游度假区的旅游行为规律、旅游消费方式、旅游住宿方式、投资运营模式等与旅游景区具有较大区别。

从旅游住宿方式来看，度假旅游者不仅住宿在传统的度假酒店，还出现了分时度假、公寓式酒店、目的地俱乐部和第二居所等多种住宿方式，多种住宿方式在旅游度假区混合形成了复杂的旅游度假社区。旅游度假区的旅游住宿方式，实际上处于从度假酒店（无产权＋单夜使用权）到第二居所（完全产权＋永久使用权）之间连续渐变空间内。

高等级的旅游度假区一般都会采取混合用途开发模式，其内部都或多或少地有产权居所项目，公寓式酒店和分时度假项目逐步成为旅游度假区的标准配置内容。从全世界范围来看，这种趋势还在迅速发展演进，旅游度假区已不再是传统度假酒店一枝独秀的住宿方式，而是与金融、房地产、康养和社区管理等产业紧密融合在一起，形成多种住宿方式并存的综合型社区。以下对旅游度假区的主要旅游住宿方式进行简要阐述。

（一）度假酒店

度假酒店与普通酒店相比，可以整合更多具有旅游吸引力的自然景观，提供更多的宜居设施。这些景观和设施既可以位于度假酒店内部，也可以位于酒店外部通达性较强的区域。对于具有 400 间客房以上的大型度假酒店，有通过整合沙滩、滑雪场、主题公园等核心度假资源向旅游目的地转化的趋势。

（二）分时度假

旅游者在每年的一段具体时间内有使用度假居所的权利，这种权利既可以延续多年，也可以是永久性的权利。旅游度假项目的每一个居所单元被划分为不同时段并分别出售。用户支付首付和每年的维护、管理和运营费用后，获得了所购买时段的居所所有权。旅游者的分时段居所所有权可以在市场上进行交易。

（三）公寓式酒店

旅游者购买公寓式酒店的一套单元，并拥有所有权，旅游者可将其用作第一或第二居所。公寓式酒店在国内外著名旅游度假区很流行，能够同时满足旅游者的旅游度假和旅游投资需求。

（四）目的地俱乐部

目的地俱乐部能够提供非产权的俱乐部会员资格，赋予会员使用俱乐部居所和度假产品的权利。目的地俱乐部的度假设施所有权归俱乐部企业所有，但只为俱乐部会员提供专属服务。同时，俱乐部会员还能够享受行程规划、礼宾和清洁等服务。

（五）第二居所

这类度假居所项目只包含住宅，不包含度假酒店。旅游者购买住宅后通常将其用作第二居所，与日常居住的第一居所相区别。国内外著名旅游度假区一般都有第二居所项目，并和普通住宅、退休社区等项目混合在一起。一般而言，第二居所与普通住宅相比，户外空间和活动设施更为丰富，建筑密度更低，设计也更有特色。与普通度假酒店相比，第二居所项目具有更为规范的社区管理模式，而不是由开发商或旅游企业来直接经营的传统旅游管理模式。

（六）旅游度假社区

如果旅游度假区内包含了上述两种或两种以上的旅游住宿项目，旅游度假区就形成了较为复杂的旅游度假社区，能够整合多种核心度假资源，也能够满足不同旅游者的多样化旅游住宿需求。

同时，不同旅游住宿项目间能够组合形成规模优势。例如，度假旅游者可能先从度假酒店开始接触旅游度假区，在培育起较高的顾客忠诚度后，可能购买旅游度假区的分时度假产品，最终购买第二居住并安度退休生活。

四、中国实践和基本结论

我国《旅游度假区等级划分》（GB/T 26358－2022）明确了旅游度假区是"以提供住宿、餐饮、购物、康养、休闲、娱乐等度假旅游服务为主要功能，有明确空间边界和独立管理运营机构的集聚区"。旅游度假区的核心度假资源包括海滨（海岛）、温泉、冰雪、山地、森林、河湖、乡村田园、古城、古镇、特色村镇、文物与文化遗产、创意设计、节赛演艺、主题活动、气候物产等类型（国家市场监督管理总局，2022）。我国的旅游度假区定义和核心度假资源分类基本与国外学术分类一致。

在我国的高等级旅游度假区中，分时度假、公寓式酒店、第二居所等产权居所项目已经非常普遍。但是，《旅游度假区等级划分》（GB/T 26358－2022）中的"度假住宿设施"主要包括了国际品牌度假酒店、国内知名品牌度假酒店、四星级（含）以上标准的旅游饭店、甲级标准的旅游民宿、地方品牌特色住宿设施等类型（国家市场监督管理总局，2022），对于分时度假、公寓式酒店、第二居所等新型产权居所项目没有提出规范标准，与国内外著名旅游度假区发展现状和未来趋势存在较大偏差。分时度假、公寓式酒店等产权居所项目与度假酒店等传统旅游住宿项目有截然不同的发展模式和管理方式，从发展模式来看其与金融、房地产和康养等产业融合发展，从管理方式来看其以社区管理取代了酒店管理，现有的《旅游度假区等级划分》（GB/T 26358－2022）标准未能对其进行充分规范。

第二节　旅游度假区的空间形态研究

学术界针对旅游度假区的空间形态问题也尚未达成共识。有学者认为旅游度假区是独立的旅游企业（D'Hauteserre，2001；Henry，1989；King & Whitelaw，1992），有学者认为旅游度假区就是城镇或乡村社区（Canosa et al.，2001；Diamantis & Westlake，1997；Worthington，2003），有学者认为旅游度假区是行政区或都市区（Clegg & Essex，2000；Knowles & Curtis，1999；Mundet & Ribera，2001），有学者将能提供自我包容旅游产品和服务体系的旅游度假区称为目的地（Crotts，1990；Meyer，1996；Yu，1998）。

一、旅游度假区综合发展理论

1992年世界旅游组织出版了学术著作《旅游度假区的一种综合发展方式》（World Tourism Organization，1992），指出旅游度假区的区域综合发展能够有效地避免旅游目的地无序发展伴随的环境、经济和社会等问题，给旅游度假区所在区域带来丰厚的经济效益和社会效益，并提出了旅游度假区发展的12条政策建议：

（1）充足的基础设施对于旅游度假区至关重要，能够改善环境质量和提供优质旅游服务；

（2）应用土地使用、开发和设计规范标准有助于提升旅游度假区的特征和品质；

（3）旅游度假区需要在内部和周边区域提供多样化的旅游设施、旅游吸引物和旅游服务，以提升游客满意度，并促进旅游客源市场多元化；

（4）高品质的旅游产品对于旅游度假区至关重要，并通过基于高标准规范的持续管理运营来保持服务品质；

（5）旅游度假区的后期发展规划需要预留弹性，以便应对不断发展变化的旅游度假市场，规划的调整需要尊重旅游度假区的客观现状；

（6）旅游度假区发展需要考虑员工培训问题，并为员工及其家庭成员提供住房和社区服务；

（7）旅游度假区需要在区域的宏观背景中进行具体规划，区域性重大基础设施的发展往往是旅游度假区建设工程的组成部分；

（8）旅游度假区周边区域的可进入性对于吸引目标市场的客源至关重要，对旅游度假区的周边地区，甚至是整个大区域进行综合规划，对于引导旅游度假区未来的发展方向至关重要；

（9）旅游度假区的发展需要特殊的组织结构，需要能力强的领导人员和称职的技术员工，在旅游度假区的发展过程中，需要高层次的协调机构来处理不同部门之间的关系，以及协调公共和私营部门之间的关系，这种组织结构在国内其他旅游度假区的发展过程中也能发挥作用；

（10）区域和旅游度假区的基础设施（包括大型住宿设施和休闲度假设施）发展需要大量的资金，需要综合运用多种金融手段以便弥补基础设施投资；

（11）在旅游度假区发展的过程中，政府或者国有企业可以先行建设引导性项目，以便鼓励私人投资；

（12）市场营销对于旅游度假区吸引投资者和旅游者至关重要。

二、旅游度假区目的地理论

普里多（Prideaux，2009）提出了旅游度假区目的地的发展演变模型，并指出只有在区域视角下才能有效地解决旅游度假区所面临的各种危机。例如，美国学者米尔（Mill，2012）指出，海滨旅游度假区不仅包括海滩，而且包括了海洋、海岸、海滩、后滩、海岸延伸区和周边乡村等六大区域。在海滨度假的旅游者除了需要海洋度假产品以外，还会对城镇、乡村和生态等度假产品产生需求。海滨旅游度假区不能仅包括海滩，而是必须以综合旅游目的地的方式来规划发展。因此，供给通过需求牵引而发展，度假产品的多样化实际上反映了旅游者度假需求的多样化。

三、中国实践和基本结论

通过文献综述可以发现，学术界普遍认为旅游度假区是与周边区域紧密结合的，只有从大区域的视角统一规划、共同发展，才能够增强旅游度假区的可进入性、吸引力和接待能力，进一步完善旅游设施和服务体系，增强旅游度假区的可持续发展能力，最大化旅游度假区发展带来的经济、社会和生态效益，最终建成世界级旅游度假区。从国内外的发展实践来看，旅游度假区大多数也不像封闭式景区一样有物理空间边界，很多旅游度假区甚至包含了乡、镇、村等行政区域，也必然要求旅游度假区与区域旅游目的地整合发展。

但是，我国的《旅游度假区等级划分》和《国家级旅游度假区管理办法》都要求旅游度假区"有明确空间边界"。在具体的建设、管理和运营过程中，也很少将旅游度假区放在区域旅游目的地中统筹考虑，不利于旅游度假区的长期可持续发展，也不利于最大化发挥旅游度假区的综合效益。

第三节　旅游度假区的度假产品研究

进入 21 世纪以后，旅游度假需求和旅游行为特征出现了很多新趋势、新特征。在传统大型主题公园、度假酒店、邮轮等"福特主义"旅游度假项目的基础上，重视个性化、定制化和生态化的"后福特主义"旅游度假项目迅速发展。在中国，"福特主义"和"后福特主义"两股潮流交织重合在一起，驱动着旅游度假区的跨越式发展，旅游度假区的度假产品体系也处在持续的发展演变进程中。学术界针对旅游度假区的度假产品类型、结构和供给方式等也进行了详细研究，并总结出了相应的规律。

一、旅游度假新需求理论

度假旅游的需求侧变化深刻地影响着旅游度假的发展，米尔（Mill，2012）简要总结了近年来度假旅游者的新需求特征：

（一）旅游度假区服务多元化旅游者

旅游度假区内部的餐饮住宿、观光游览、休闲游憩、文化娱乐、度假旅居等旅游产品融合发展，推动了能同时满足观光旅游者、度假旅游者、乡村旅游者、生态旅游者、康养旅居者等多元需求的综合型旅游度假区出现。在城镇地区，酒店、休闲娱乐、体育活动、购物、会议中心、大型旅游吸引物等项目被整合进入综合型旅游度假综合体；在乡村地区，酒店、室内外娱乐设施、度假设施和各类度假旅馆被综合开发。

（二）旅游者度假时间多样化

由于工作压力加大、休闲时间减少，法定节假日、长周末也逐渐成为居民的重要度假时间。度假时间出现了多样化、碎片化的趋势。与主要利用较长带薪年休假时间的传统度假相比，度假旅游出现品种类型多样、出游距离缩短、出游频率增加等趋势。

（三）跨代家庭组团度假变得流行

无论跨代家庭是否共同生活，共同度假都成为家庭聚会交流的重要方式。这要求旅游度假区策划丰富的社会交往活动，以满足不同年龄段旅游者的需求，同时产品设施符合老年友好和无障碍设计要求。

（四）综合型旅游度假目的地快速发展

整合核心度假产品群和目的地的综合型旅游度假区成为未来的重要发展趋势。通过会议、购物、游憩、娱乐等旅游度假产品的开发，旅游度假区也在实现收入来源多元化。

（五）娱乐度假项目规模快速扩大

水上乐园、人造海滩、室内滑雪场、主题公园、邮轮等娱乐度假项目的规模变得越来越大，并呈现出产品多元化、功能现代化、服务精细化等趋势。

（六）人造度假设施比重加大

自然资源和人造资源共同构成旅游度假区的度假资源，并在此基础上形成互补性度假产品。自然度假资源是旅游度假区产生和发展的基础。但是，由于户外的自然资源存在天气、季节等制约因素，旅游度假区内人造度假设施的比重在不断加大，很多自然资源也都有了"人造版本"。例如，高尔夫模拟器、人造攀岩墙、人工溜冰场、人工造浪池等。大规模、成体系、现代化、全年候的人造度假设施开始成为旅游度假区的核心竞争力。

二、旅游度假区活动策划理论

美国学者米尔（Mill，2012）提出了旅游度假区活动策划理论。他指出旅游度假区不能仅提供观光旅游产品，而应是活动导向的，应该配置专业的旅游度假活动策划人员，基于旅游者的不同生命历程阶段来分析旅游度假活动需求，并采取宣传教育、竞争比赛、社会旅行、偶然来访、特殊事件、展览展示等方式，提供体育运动、健康养生、水上娱乐、志愿服务、舞蹈、戏剧、音乐、艺术品、环保活动、探险教育、极限运动、旅游旅行、业余爱好、阅读、教育等多种旅游度假活动。

三、综合型旅游度假区理论

近年来，学者们发现传统旅游度假区出现了新的趋势，在原有单一核心度假产品的基础上，度假产品体系不断发展完善并逐渐形成体系，最终形成度假产品体系健全、自我包容性强的旅游目的地。

以拉斯维加斯为例，其发展轨迹可以概括为"核心度假产品"→"核心度假产品＋辅助度假产品"→"核心度假产品群＋目的地"这三大阶段：

第一阶段（1931～1960年）。拉斯维加斯因为赌博合法化而发展博彩业，主要吸引本地旅游者，但是由于本地市场规模较小导致增长乏力，拉斯维加斯需要建成旅游目的地，以增强旅游吸引力并扩大市场规模。

第二阶段（1961～2000年）。由于美国部分州的赌博合法化，拉斯维加斯失去了垄断优势，只能围绕着赌场建设包含餐饮和住宿等度假产品的综合型度假酒店以吸引旅游者。

第三阶段（2001 年至今）。拉斯维加斯发展了主题娱乐、购物、餐饮、文化等度假产品，进一步整合了周边旅游区域，逐步摆脱了对博彩业的依赖，建成了综合型旅游度假区。

针对这种旅游度假区的发展规律，学者们提出了"综合型旅游度假区"的概念，指包括酒店、餐馆、会议中心、主题公园、购物中心等多种度假产品的旅游度假区。传统依托单个核心度假产品的旅游度假区通过建设"综合型旅游度假区"，能够熨平季节波动、拓展客源市场、增强旅游吸引力、形成旅游产业经济。

传统的滑雪、海滨等旅游度假区，在发展壮大到一定规模后，大多都面临着季节性波动明显、客源市场增长乏力、市场竞争压力增大等问题。通过建设"综合型旅游度假区"，形成新的核心度假产品，建设成为全年旅游目的地，已经成为传统旅游度假区的重要发展趋势。

四、中国实践和基本结论

度假旅游者与传统观光旅游者比起来，重游率更高、旅游时间更长。很多度假旅游者还选择了分时度假、公寓式酒店、第二居所等产权居住方式，他们与普通旅游者相比，已经具备了短期居民的特征，旅游需求和旅游行为也具有了显著的差异。他们更加重视面向本地居民的生活服务，而不是面向旅游者的旅游服务，传统旅游服务中较少涉及的医疗、养老、教育、文化等公共服务也成为他们关注的重点。他们在旅游度假区的停留时间可能长达数月之久，候鸟旅居、避暑旅游、避寒旅游等成为新的旅游度假形式。我国现行的《旅游度假区等级划分》标准（GB/T 26358－2022）主要对"过夜游客"进行了规范，对于长居旅游行为特征的界定和规范不足，也没有充分考虑到"短期居民"身份所需求的医疗、养老、教育、文化等公共服务，旅游度假区标准没有与康养旅居发展趋势紧密结合。

在建设世界级旅游度假区的过程中，我国的国家级旅游度假区必然进一步向"综合型旅游度假区"演进，需要对其发展模式进行界定和规范。我国《旅游度假区等级划分》（GB/T 26358－2022）主要规范了"资源"和"设施与服务"，针对"核心度假产品＋辅助度假产品"的旅游度假区发展模式进行了界定，针对以"核心度假产品群＋目的地"为特征的综合型旅游度假区发展模式规范较少。

第四节　旅游度假区的发展演进研究

普里多（Prideaux，2009）提出了"旅游度假区发展谱系"理论，以澳大利亚黄金海岸度假区等发展为案例，总结了旅游度假区在本地旅游、区域旅游、国内旅游、国际旅游的梯次演进过程中的发展规律，可供我国建设世界级旅游度假区参考借鉴。以下将简要阐述普里多的理论内容。

一、市场范围发展演进理论

旅游度假区从市场范围来看，可以分为本地旅游度假区、区域旅游度假区、国家旅游度假区和世界旅游度假区四大类，分别对应本地旅游市场、区域旅游市场、国内旅游市场和国际旅游市场。

如图2－1所示，针对一个具体的旅游度假区，通过对接旅游市场需求、挖掘主要度假资源、形成核心竞争力，能够不断扩大旅游市场范围，实现从本地旅游度假区向世界旅游度假区的发展演进。但是，这并不意味着所有旅游度假区都能够建成世界旅游度假区，最终只有少数具备综合性优势和发展条件的旅游度假区能够成功占领国际旅游市场。

17

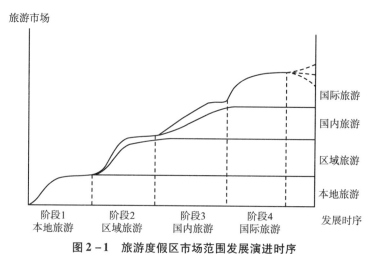

图 2 - 1　旅游度假区市场范围发展演进时序

资料来源：Prideaux，Bruce. The resort development spectrum-a new approach to modeling resort development ［J］. *Tourism Management*，2000，21（3）：225 - 240.

　　旅游度假区在发展演进的过程中不断占领新的市场、扩大市场范围，但是并不意味着旧的市场被完全替代。旅游度假区在占领更大范围市场的同时也在为周边市场服务。因此，旅游度假区的发展演进表现为旅游市场的扩大和重叠。世界旅游度假区可同时为本地、区域、国内、国际旅游市场服务，各市场之间呈现出不同的需求特征和增长规律。

　　但是，也不能认为远程旅游市场就比近程旅游市场更为高端，每个旅游市场都有不同层次的旅游需求，能够消费不同档次的旅游产品。

二、度假产品设施演进理论

　　在本地旅游度假区向世界旅游度假区发展演进的过程中，旅游度假区的客源市场、旅游吸引物、住宿设施、购物设施、交通设施、市场营销和扶持政策等产品、设施和服务也会呈现出梯次演进的特征。表 2 - 1为旅游度假区发展演进特征。

表2-1 旅游度假区发展演进特征

主要特征	阶段1 本地旅游度假区	阶段2 区域旅游度假区	阶段3 国家旅游度假区	阶段4 世界旅游度假区	阶段5 后世界旅游度假区
客源市场	周边城镇的本地居民	(1) 阶段1旅游者； (2) 省内或区域内旅游者； (3) 有限的省外旅游者	(1) 阶段2旅游者； (2) 来自全国各地的远程旅游者；省会城市变为主要客源市场	(1) 阶段3旅游者； (2) 国际旅游者	(1) 阶段4旅游者； (2) 细分市场旅游者
旅游吸引物	仅限于海滩和周边景点	(1) 开始建设小规模人造旅游吸引物； (2) 可能建设野生动物园； (3) 开始规划大型主题公园类旅游吸引物	建设大型主题公园等吸引物，鼓励旅游者参与互动	关注焦点从海滩转向非海滩活动，例如主题公园和高端购物	在阶段4的基础上，加上后福特主义的细分旅游线路和产品，例如美术馆等
住宿设施	(1) 海滨别墅； (2) 旅居车营地； (3) 非度假酒店； (4) 汽车旅馆； (5) 经济型旅馆	(1) 住宅和公寓项目； (2) 2~3星级酒店； (3) 旅居车营地； (4) 酒店开发室外设施	(1) 3~4星级酒店； (2) 综合型旅游度假区； (3) 国际知名连锁酒店	(1) 国际知名酒店建设度假酒店； (2) 众多包括高尔夫等高端度假资源的五星级酒店	(1) 阶段4住宿设施，生态住宿； (2) 民宿旅游、民宿等细分市场住宿
购物设施	专门的旅游购物行为较少	出现专门的旅游购物行为	建设购物综合体来促进旅游购物服务	开设免税商店，强调国际品牌购物体验	在阶段4的基础上，出现高端设计师购物店等细分市场购物

续表

主要特征	阶段 1 本地旅游度假区	阶段 2 区域旅游度假区	阶段 3 国家旅游度假区	阶段 4 世界旅游度假区	阶段 5 后世界旅游度假区
交通设施	(1) 有限的交通； (2) 主要交通方式是公路； (3) 可能有部分铁路交通	(1) 公路可进入性显著提升； (2) 逐步建设多样化交通模式； (3) 本地航空公司提供的有限民航服务	(1) 公路可进入性进一步改善； (2) 水运和铁路等其他交通模式显著发展	根据离主要客源市场的距离，民航交通可能成为最主要的模式	根据离主要客源市场的距离，民航交通可能成为最主要的模式
市场营销	(1) 周边区域营销； (2) 本地旅游协会等未来组织实施； (3) 有限的预算； (4) 有限的营销技能； (5) 强调营销售而不是营销	(1) 全省营销； (2) 可能争取到政府资金； (3) 旅游度假区内企业各自营销； (4) 营销技能不断提升	(1) 形成具有专业人员的营销机构； (2) 省级政府、本地政府和本地企业联合营销； (3) 酒店和景区等在国家媒体开展营销行动	(1) 非常专业的营销方式； (2) 能争取到大额政府资金； (3) 企业大规模投放广告； (4) 有先进的营销战略	(1) 非常专业的营销方式； (2) 能争取到大额政府资金； (3) 企业大规模投放广告； (4) 有先进的营销战略
扶持政策	未得到本地政府重视	旅游可能被列入本地政府政策文件	对于省级政府、本地政府的政策需求进一步增强	旅游度假区发展成为各级政府部门的关注重点	旅游度假区发展成为各级政府部门的关注重点

资料来源：Prideaux, Bruce. The Resort Development Spectrum: The Case of The Gold Coast, Australia [J]. *Tourism Geographies*, 2004, 6 (1)：26-58.

在建设成为世界旅游度假区后，仍然需要持续创新发展、服务细分市场、拓展旅游空间、打造核心优势，这样才能在全球旅游度假胜地的激烈竞争中保持优势，可将这一阶段称为"后世界旅游度假区"发展阶段。

表2-1中列出了旅游度假区在5个发展阶段各类产品设施的标志性特征。可以看出，在旅游度假区升级演进的过程中，各类度假产品和旅游设施也会呈现出显著的阶段性特征，可供我们在建设世界级旅游度假区的过程中参考借鉴。

三、旅游度假区发展支持体系

为了促进旅游度假区的有效发展演进，普里多（Prideaux，2009）进一步总结了旅游度假区发展所需要具备的14个支持条件：（1）旅游目的地主要旅游吸引物的品质；（2）有代表性的高效率旅游目的地市场营销机构，并形成适当的分销渠道；（3）通过市场营销，成功地开发新的旅游市场、新的旅游产品的能力；（4）当地政府和居民对于旅游发展的支持；（5）旅游目的地的旅游产业要素供给能力；（6）旅游承载力和可持续发展能力，包括土地的可获得性，自然度假资源的可获得性，水、环境要素等的可获得性；（7）吸引旅游新投资的能力，以及投资结构的优化；（8）全国各级政府的支持程度（包括市场营销、基础设施、税收优惠等方面的支持）；（9）同类型旅游度假区的竞争合作关系；（10）国际和国内经济社会发展的变革，及其对旅游度假区生产创新的支撑；（11）交通基础设施投资；（12）旅游目的地与主要客源地之间的距离；（13）旅游目的地适应气候变化的能力，包括海平面上升、气候变化、极端天气频发等；（14）地震、飓风、火山等自然灾害所带来的威胁。

这14个支持条件共同构成了旅游度假区发展的支持体系，说明旅游度假区的发展演进不是自发的，而是需要满足各种内外部条件的。从内部因素来看，需要获得社区居民支持，有充足的土地、水、自然度假资源，政府支持并出台优惠政策。从外部因素来看，还需要应对外部同类旅游度假区的竞争，并且具有良好的市场需求条件。只有内外部因素都具备的前提下，旅游度假区才有可能梯次发展演进最终建成世界旅游度假区。因此，世界旅游度假区的发展不是一个简单的建设目标，而是需要通过优化营商环境来培育其健康成长。

四、中国实践和基本结论

"旅游度假区发展谱系"理论对于中国建设世界级旅游度假区具有重要的理论价值和实践意义。我们通过案例分析和理论研究可以发现，世界级旅游度假区并非只面向国际旅游市场，而是同时面向本地、区域、国内和国际等多元化旅游市场。远程旅游市场也并非一定比近程旅游市场高端，所有旅游市场都存在着不同层次的消费人群。世界级旅游度假区实际上是在服务全球市场。

世界级旅游度假区在旅游吸引物、住宿、交通等方面都有显著特征，中国可以充分参考借鉴。世界级旅游度假区发展需要构建发展支持体系，除了旅游吸引力、基础设施和公共服务、旅游服务质量等传统内容外，目的地的生产要素供给能力、区域承载能力、可持续发展能力、社区参与和支持程度、市场营销能力、政策支持水平等也至关重要。

传统的"事后"标准化评定指出了发展的目标（做什么），但没有明确发展的做法和路径（怎么做），也没有直接推动旅游度假区的发展措施（帮你做）。促进政府角色从"静态管理"向"动态服务"转变，通过构建良好的旅游营商环境，在"事前"规划发展的路径和目标，在"事中"推动旅游度假区的规划实施和整体发展，促成"事后"规划目标的验收和实现，有利于构建世界级旅游度假区的发展支持体系，也更有利于充分发挥旅游企业的创新能力。

第三章

世界级旅游度假区发展成功经验

根据文化和旅游部印发的《部分世界知名度假区和度假地参考资料》，本章对夏威夷、黄金海岸、拉斯维加斯、蒙特勒、圣托里尼、芭提雅、尼斯湖、坎昆、富士山、西西里岛等十个国外著名旅游度假区的成功经验进行分析，包括核心资源、市场定位、产品类型、文旅融合、市场营销、公共服务、基础设施、运营管理等方面内容，提炼出世界级旅游度假区的共性特征，供我国参考借鉴。

第一节　以威基基海滩为代表的文旅融合发展型

威基基海滩位于美国夏威夷州檀香山市，是世界上著名的滨海旅游度假区之一。东起钻石山下的卡皮欧尼拉公园，西至阿拉威游艇码头。"威基基"在原住民语言里是"喷涌之泉"的意思，在古代是夏威夷皇家御用的海滩。

一、发展简述

美国夏威夷州虽然离主要客源市场较远、旅游成本比较昂贵，但是这并没有阻碍夏威夷州成为世界知名旅游度假目的地。其中，威基基海滩又是夏威夷州最为著名的旅游度假区，其接待的绝大部分旅游者是来自州外甚至国外的远程游客。

2022年，威基基海滩平均每天接待游客7.8万人次，全年共接待州外旅游者485.8万人次，占夏威夷州全年州外旅游总人次的53.2%；2022年，威基基海滩的旅游总收入为80.85亿美元，占夏威夷州旅游总收入的35.8%；2022年，威基基海滩直接和间接拉动的旅游产业经济占夏威夷州经济总量的6.7%（State of Hawaii，2023a）。

威基基海滩的发展是伴随着交通技术革命而演进的。20世纪20年代，夏威夷州檀香山市是航行在太平洋上远洋客轮的中途停靠地，乘坐客轮的游客在经历了多日海上航行后，希望在檀香山市休息较长时间，位于檀香山市城郊地区的威基基海滩逐步成为国际性滨海旅游度假区，也建成了莫阿纳冲浪者酒店、皇家夏威夷酒店等豪华度假酒店。

第二次世界大战后的远程国际民航革命，进一步推动了威基基海滩的发展。到了1965年后，旅游业发展已经遍布整个欧胡岛（威基基海滩所在岛屿）。全岛的核心度假产品也从海滩和海洋等自然旅游产品，拓展到波利尼西亚文化中心、亚利桑那战列舰纪念馆、密苏里号战舰纪念馆等文化旅游产品。威基基海滩出现了越来越多的国际连锁豪华度假酒店，文化娱乐产业重点基于好莱坞流行文化元素来创作形成夏威夷的产品。

到了20世纪90年代，在威基基海滩的旅游业快速发展近30年后，旅游业的进一步发展开始遇到瓶颈，旅游接待人数甚至出现了减少。很多学者认为威基基海滩进入了旅游地生命周期理论的"停滞"或"衰退"阶段。1998年夏威夷州成立了威基基联合工作组，通过建立投资平台、改善营商环境，在全球热带旅游度假区不断增加的背景下，重塑威基基海滩的全球竞争力。联合工作组梳理了以下三大问题并提出了解决方案：

1. 如何让威基基海滩从全球类似的旅游度假区中脱颖而出并具有独特性?

联合工作组认为夏威夷除了有优美的自然环境和热带气候以外,还有独特的历史和文化。从波利尼西亚人抵达夏威夷定居和艰苦奋斗,到原著居民与西方航海家的相遇,夏威夷州都有独特的历史文化遗产。同时,夏威夷州除了原著居民外,还有来自美洲、亚洲、太平洋和欧洲的各族居民共同生活,因此具有多元民族文化交融的特征,也让当地社会具有包容好客的文化,这对于旅游业的发展是极为重要的。因此,联合工作组认为夏威夷州的独特历史文化构成了旅游产业竞争力的重要基础。

2. 如何让威基基海滩成为全世界旅游者心目中的首选旅游度假区?

在夏威夷州的旅游业发展过程中,曾经引入了很多跨国企业和全球媒体,它们过多地强调了全球流行文化和标准化的旅游度假产品,导致了夏威夷本土历史文化和民俗风情的丧失,削弱了夏威夷州旅游业的竞争力。因此,联合工作组认为威基基的旅游产品应该强调夏威夷州的本土文化和民俗特色,而不是强调游客在美国其他旅游度假区也能体验到的标准化生活方式。威基基海滩应该通过增加特色文化标识和建设文化遗产线路等方式来提升文化内涵。

3. 如何保证威基基海滩的发展规划能够落地实施?

威基基发展协会需要能够获取内部和外部的支持。通过营造良好的投资环境,吸引私营和公共部门的投资,出台扶持优惠政策等方式,来推动威基基海滩规划目标的实现。夏威夷州檀香山市公共部门通过政府的引导性发展基金投资,撬动了大量的私人投资用于威基基海滩旅游度假区的建设。

二、经验借鉴

夏威夷州的威基基海滩经过上百年的发展，现在仍然是世界顶尖的旅游度假区，可以视为旅游度假区摆脱旅游目的地生命周期理论，成功地从衰退走向振兴的典型案例，其发展的成功经验可总结如下。

（一）文化和旅游资源融合形成核心吸引力

威基基海滩在发展进程中，建设了高星级度假酒店、美国流行文化娱乐设施等，但是这些标准化的旅游度假产品并不足以让威基基海滩从全球滨海旅游度假区的激烈竞争中脱颖而出并形成核心优势。威基基海滩只有在成体系、标准化、舒适化的旅游产品设施基础上，进一步融入夏威夷本土历史文化和民俗风情，进而建成文化旅游目的地，才能够在全球市场上形成独特竞争力。

在演艺活动策划上，威基基海滩有丰富的旅游景点、休闲街区、度假酒店和邮轮游船等旅游空间，它们一年四季都上演不同的演艺活动，每天都有草裙舞等民族表演，沿海旅游大道经常有大型旅游演出和节日庆典游行活动。

在特色景观塑造上，夏威夷属于火山地貌，威基基海滩众多酒店、度假村、景区建筑都以火山石为外立面材料，现代气息的旅游度假区处处透露出地域特色自然景观的元素。

在旅游产品开发上，威基基海滩不仅基于特色农业优势开发了咖啡、菠萝、巧克力等多种类型和系列的旅游产品，而且将地域文化符号创意设计为旅游纪念品。例如，阿罗哈衫已经成为夏威夷旅游者的标准装束，彩虹州汽车牌照也成为游客采购的纪念品等。

（二）度假区和区域融合形成旅游度假目的地

威基基海滩与夏威夷州融为一体，共同构成旅游度假目的地。威基基海滩是夏威夷州的首要旅游度假区，夏威夷州为威基基海滩的旅游发展提供目的地支撑。

夏威夷州建有完备的航空运输网络和发达的环岛公路运输网络。交通运输和旅游发展紧密融合在一起，无论从外部进入夏威夷还是在夏威夷主要岛屿之间穿行都很便捷，交旅融合发展水平较高。夏威夷州围绕交通运输工具打造特色鲜明的旅游项目，如游艇邮轮、旅游潜水艇、观光巴士、观光直升机、滑翔伞等。其中，依托观光巴士的城市观光、依托游艇和邮轮的观鲸旅游、依托观光直升机的活火山观光、依托旅游潜水艇的水下观鱼等都是夏威夷州极具吸引力的特色旅游项目。

夏威夷州建立了庞大的旅游景区和生态休闲系统。这一系统由 9 个国家公园、国家纪念碑、国家历史公园、国家历史遗址、国家历史路径等组成的国家公园体系，52 个州立公园、州立历史遗址公园、州立历史公园、州立纪念碑、州立休闲区、州立历史纪念地、州立娱乐区等组成的州公园体系（State of Hawaii，2015），加上众多露营地、沙滩公园、冲浪地、徒步线路、高尔夫球场、州立野生生物管理区等，不仅满足外地游客的生态旅游和文化旅游需求，而且为当地居民提供了休闲游憩空间。

夏威夷州六岛的品牌形象和旅游功能各有不同。欧胡岛定位为旅游中心城市和旅游集散中心，茂宜岛重点发展度假研学旅行，可爱岛重点发展生态度假旅游，夏威夷岛依托火山景观资源发展生态观光旅游，拉奈岛突出体育旅游和户外运动，摩洛凯岛则突出文旅融合的民俗旅游。

檀香山市旅游休闲设施与威基基海滩融合互补。威基基海滩所在檀香山市建设了各种各样的植物园和社区公园，嵌入到各社区之中和旅游景区周边。威基基海滩周边有占地面积达 1800 余亩的卡皮欧拉尼公园，营造出惬意的旅游休闲环境。檀香山市专门建设阿拉木阿休闲街区为与威基基海滩互补的旅游购物场所。

（三）核心度假产品群融合形成综合型旅游度假区

威基基海滩东起钻石山下的卡皮欧尼拉公园，西至阿拉威游艇码头。威基基在土著人语言里是"喷涌之泉"的意思，在古代是夏威夷皇家御用的海滩。威基基海滩沿线林立着世界一流的购物、餐饮、娱乐、休闲场所和度假酒店。海滩区精华地段约为几百米，游客在沙滩上可以尽情享受夏威夷的无限风情。在卡拉卡瓦大道（Kalakaua Avenue）上有豪华的度假酒店和商店，街道两旁是以椰子树为特色的热带景观。

威基基水上运动。沿着威基基海滩可以游泳、浮潜，享受太阳浴，或是尝试冲浪课程，或集体乘坐皮划艇。

威基基陆地活动。旅游者可以徒步、骑自行车探索威基基海滩，在夏威夷皇家中心学习如何弹奏夏威夷吉他或跳呼啦舞，和家人一起在卡皮欧拉尼公园野餐，然后参观街对面的檀香山动物园。

威基基水疗康养。威基基海滩拥有欧胡岛最高档的酒店和度假村，这里的奢华水疗提供按摩和夏威夷独有的解压护理服务。

威基基艺术表演。在威基基海滩周围的酒店和度假村，每天都有现场表演的夏威夷音乐和呼啦舞。游客可以漫步前往卡皮欧拉尼公园观赏文化表演和活动。夜幕降临时，可以在哈蕾库拉妮酒店、喜来登威基基酒店等地欣赏各种实景演出。

威基基文化娱乐。在部分周末，美丽的库希欧海滩（Kuhio Beach）将成为海滩日落派对的场地，威基基海岸30米高的银幕上会现场播放电影。

威基基酒吧餐馆。威基基海滩的美食旅游发展，其步行街、西檀香山、喜来登威基基大酒店等地的夜店和酒吧都是深受本地居民和游客喜爱的旅游点。

（四）社区共建共享共管提升旅游度假满意度

建立以人为本的旅游公共服务体系。在信息服务上，夏威夷州的机场、商业区、度假区等为游客提供了英语、日语、中文、韩语等各种版本的旅游手册，每周更新一次。不仅有综合性的旅游手册，还有餐饮、旅游活动、购物等专项手册，种类繁多、内容翔实、信息量大，为各国游客提供了极大便利。人性化服务上，度假区、露营地、社区公园等地方都有免费饮水处和洗手间，威基基海滩周边配备了淋浴设备、救生人员、换衣间等，全州的道路、厕所等设施十分完备，方便了自驾游客的环岛旅游。游览导引上，高速公路和其他道路标识牌清晰，道路里程和前方景点指示明晰，公路两侧的观景点、观景台众多，并有配备齐全的停车场，但没有影响视觉感的商业广告牌和宣传标语。

搭建本地居民与旅游者沟通桥梁。1997 年，夏威夷成立了原住民接待业协会。该协会的主要使命是在旅游产业和居民社区之间建立更好的桥梁纽带联系。原住民接待业协会已经和夏威夷的很多非政府组织、非营利机构、旅游业协会、旅游企业、旅游从业者、文创专家、艺术家等建立联系，共同在旅游业中推广夏威夷传统文化，共同为目的地社区创造更多的就业和发展机会。2023 年春季夏威夷州的"居民情绪调查"显示，52% 的受访居民认为旅游业为夏威夷州带来的利益多于问题（State of Hawaii，2023b）。

（五）发展支持体系融合形成优越旅游营商环境

1998 年，夏威夷成立了旅游局，主要职责是对夏威夷的旅游业进行系统性管理，使之符合经济、社会、生态的可持续发展目标，能够满足政府、产业、社区和居民的需求。其成立和运营的资金并不来源于政府部门，而是来源于夏威夷从度假饭店、度假村、各类住宿设施征收的"暂时性住宿税"。旅游局基金管理委员会由来自私营和公共部门的委员构成，遵循"取之于民用之于民"的原则公平使用资金。

政府在夏威夷旅游产业中更多地扮演了组织协调者的角色，而并不是管理者。官方层面负责旅游业务的政府部门为夏威夷州商业、经济发展和旅游部，主要负责旅游宏观政策制定和数据统计发布等，绝大部分具体旅游管理业务在夏威夷旅游局成立后由后者接管。

政府与市场是合理配置资源和协调经济社会活动的主体，两者相互促进、互为补充。夏威夷的旅游成功经验表明，政府与市场协同发挥作用，是旅游产业经济可持续发展的重要保障。政府无所不包的管理并不是旅游目的地成功发展的必然路径。依靠市场经济机制，凝聚政府以外的发展力量，让更多利益相关方充分参与区域旅游发展进程，有利于旅游产业经济的长远可持续发展。旅游管理方式可积极向市场化方向转变，充分发展协会商会等社会机构功能，通过社会中介组织促进旅游产业的良性可持续发展。

以科学研究促进可持续发展。夏威夷商业、经济发展和旅游部，夏威夷旅游局的网站上有免费的旅游统计和研究报告可供下载，包括各年度观光者研究报告、观光者满意度监测报告、每月最新旅游统计数据等。除此之外，政府部门还开展很多深度的专题旅游研究工作，例如《恐怖主义对夏威夷经济的影响》《旅游的可持续发展项目》等报告，以及各年度的《居民意愿调查报告》《旅游营销有效性报告》《旅游产品创新报告》等。高质量的旅游统计和大数据分析是夏威夷各市场主体进行科学决策的前提基础，高素质科研人员的积极参与则是提升决策水平的重要保障。

第二节　以黄金海岸为代表的产业持续创新型

黄金海岸位于澳大利亚布里斯班以南 78 千米处的东部沿海，是一处由绵延 42 千米、数十个美丽沙滩组成的度假胜地。黄金海岸属于亚热带季风气候，终年阳光灿烂、空气湿度舒适，各个季节都适宜开展旅游活动。其中，旅游旺季是每年的 12 月到次年的 2 月，那时正是澳洲的夏季，非常适合潜水，是一处世界著名的旅游度假胜地。黄金海岸除了宜人的海景和丰富的水上活动以外，还分布着多个特色鲜明的大型主题公园，比较有名的有梦幻世界主题公园、激浪世界、狂欢水上乐园、华纳兄弟电影世界、海洋世界等。

普里多（Prideaux，2004）研究了黄金海岸从 1840 年开始有欧洲人定居直到近年的旅游发展历程，展现从黄金海岸从本地旅游度假区逐步升级成为世界旅游度假区的发展轨迹，可供我国建设世界级旅游度假区参考借鉴。

一、发展简述

本节将基于普里多（Prideaux，2004）的研究成果，对黄金海岸从本地旅游度假区发展成为世界旅游度假区，进而在世界旅游度假区的基础上持续创新发展的历程进行简述。

（一）本地旅游度假区（1840～1870 年）

1770 年英国航海家库克就经过了黄金海岸，但直到 19 世纪 40 年代才开始有欧洲人在黄金海岸建立移民点并定居。由于黄金海岸靠近布里斯班，在本地旅游阶段，黄金海岸的大多数旅游者是来自布里斯班等周边城镇的本地居民，这些旅游者到黄金海岸一日游或过夜游。

（二）区域旅游度假区（1871～1950 年）

从 19 世纪 70 年代至 20 世纪 50 年代中期，黄金海岸的旅游业经历了快速的增长，成为昆士兰州居民，特别是居住在昆士兰州东南部居民的主要旅游度假胜地。

在此期间，黄金海岸和布里斯班之间的交通基础设施为旅游业的快速发展奠定了基础。从 20 世纪 30 年代中期开始，汽车成为前往黄金海岸的一种重要旅行方式，昆士兰州按高标准建设了黄金海岸通向布里斯班的高速公路。到了 20 世纪 50 年代，从布里斯班前往黄金海岸的高速公路甚至出现了交通拥堵，拥堵又倒逼了交通设施的进一步扩容和建设。

随着 20 世纪 30 年代澳大利亚州际铁路的建成通车，通往澳大利亚其他各州的铁路交通成为现实。同时期，澳大利亚的工人开始实行带薪年休假，出现了较大规模的季节性度假市场。昆士兰州冬季的温和气候吸引着澳大利亚的州际游客，州际游客的超强消费能力促进了黄金海岸旅游服务能力的提升。

但是，尽管在州际铁路服务快速发展的基础上，国际游客和澳大利亚州际游客快速增长，高速公路和州际铁路仍然费时费力，黄金海岸在 20 世纪 40 年代和 50 年代初期仍然主要依赖昆士兰州的州内游客。

（三）国家旅游度假区（1951～1980 年）

第二次世界大战后，民航的普及大大缩短了旅行时间、提高了旅游舒适度、降低了机票价格，跨州旅行成为普通民众负担得起的产品，大量州外的旅游者驾车到达机场，然后直接飞往昆士兰州黄金海岸。同时伴随着带薪年休假制度不断普及，黄金海岸开始成为全国性旅游度假胜地。在这一时期，黄金海岸的高层酒店和高层公寓大量出现。同时，除了传统的海岸和海滩之外，黄金海岸还开发了主题公园、自然保护区、购物中心和博物馆等旅游度假产品。但在这一阶段，黄金海岸的客源市场还以国内旅游者为主，来自国外的入境旅游者相对较少。

（四）世界旅游度假区（1981～2000 年）

黄金海岸开拓国际市场的努力始于 20 世纪 60 年代，但由于缺乏直接通向国际市场的航线以及旅游基础设施不足而受到阻碍。20 世纪 60 年代和 70 年代的旅游促销行动使黄金海岸成为澳大利亚的全国性海滨旅游度假胜地，并为 20 世纪 80 年代后期进一步升级成为世界旅游度假区奠定了基础。

1985 年，黄金海岸的康莱德朱庇特酒店（Conrad Jupitors Hotel）等豪华度假酒店开业、布里斯班机场国际航线增加、澳大利亚旅游委员会开展国际营销工作，标志着黄金海岸已经成功进入国际度假旅游市场，成为世界旅游度假区。

（五）后世界旅游度假区（2000 年至今）

黄金海岸成功跻身世界旅游度假区后，并不意味着黄金海岸的旅游业发展已经结束。相反，黄金海岸持续面临着世界旅游市场波动、同类旅游目的地竞争等威胁，需要持续地发展创新，以在世界旅游市场上不断保持竞争优势。因此，黄金海岸在成为世界旅游度假区后的持续发展创新，可以看作后世界旅游度假区发展阶段。

黄金海岸在进入后世界旅游度假区发展阶段后，有两大发展趋势：①从产品上来看，在世界旅游度假区满足大众旅游需求的基础上，以"后福特主义"的发展理念，进一步满足细分旅游市场的个性化需求，加强文旅融合程度，推出了个性化的度假、购物、住宿等旅游产品；②从空间上来看，进一步整合周边的生态旅游区，并以"山海联动"的方式满足生态旅游、乡村旅游、探险旅游、民俗旅游等细分旅游市场需求。

二、经验借鉴

在普里多（Prideaux，2004）分析黄金海岸发展演变历程的基础上，我们可以总结出一些世界级旅游度假区在发展演变规律。

（一）多元化旅游市场融合发展

从 20 世纪 80 年代开始，黄金海岸开始成为世界旅游度假区。如图 3 - 1 所示，通过分析黄金海岸的旅游客源市场演变可以看出，黄金

海岸从本地旅游度假区向世界旅游度假区的演进过程中，近程市场并不
是简单地被远程市场替代，而是更多地表现为远程市场和近程市场的重
合叠加。

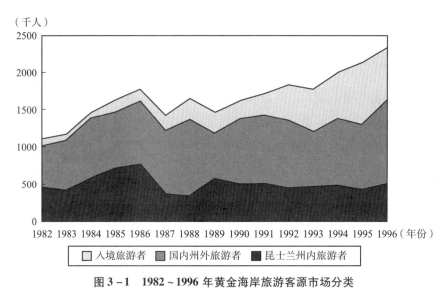

（千人）

图 3 – 1　1982～1996 年黄金海岸旅游客源市场分类

资料来源：Prideaux，Bruce. The Resort Development Spectrum：The Case of The Gold Coast，
Australia［J］. *Tourism Geographies*，2004，6（1）：26–58.

因此，世界级旅游度假区同时服务于本地、区域、国内和入境旅游
市场。多元旅游客源市场的重叠，也在很大程度上熨平了客流的季节性
波动、增强了旅游业抵御风险的能力。

（二）度假酒店和旅居设施融合发展

如图 3–2 所示，在黄金海岸发展成为世界旅游度假区的过程中，
增长最快的旅游住宿设施包括高星级饭店和公寓两大主要类型。其中，
公寓占到了近一半的份额。汽车旅馆、旅居车营地等中低端旅游住宿方
式则保持相对稳定，甚至比例不断降低。

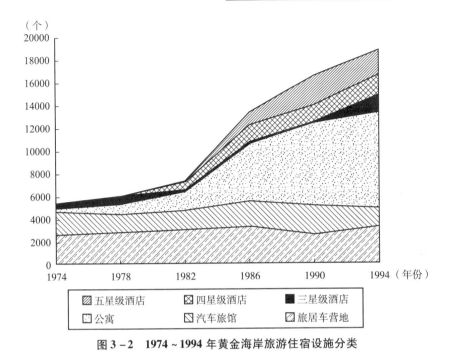

图 3 - 2 1974 ~ 1994 年黄金海岸旅游住宿设施分类

资料来源：Prideaux，Bruce. The Resort Development Spectrum：The Case of The Gold Coast，Australia［J］. *Tourism Geographies*，2004，6（1）：26 - 58.

世界级旅游度假区同时服务于多元化的旅游客源市场。因此，旅游度假区的旅游住宿设施在发展过程中，除了传统的度假酒店以外，分时度假、公寓式酒店、第二居所等产权居所项目是增长最快、比重最高的类别。具有完善服务的产权居所项目甚至能够取代部分传统度假酒店功能。世界级旅游度假区各种旅游住宿设施混合在一起，呈现出了复杂旅游度假社区的特征。

（三）度假产品设施演进特征

表 3 - 1 显示了黄金海岸自 1840 年以来的发展轨迹，在从本地旅游度假区向世界旅游度假区的发展演进过程中，黄金海岸的客源市场、旅游吸引物、住宿设施、购物设施、交通设施、市场营销和扶持政策等产品、

表 3-1　黄金海岸发展演进特征

主要特征	阶段 1 本地旅游度假区 （1840~1870 年）	阶段 2 区域旅游度假区 （1870~1950 年）	阶段 3 国家旅游度假区 （1950~1980 年）	阶段 4 世界级旅游度假区 （1985~2000 年）	阶段 5 后世界旅游度假区 （2000 年至今）
客源市场	—	来自布里斯班的旅游者	（1）阶段 2 旅游者； （2）来自全国各地的远程旅游者	（1）阶段 3 旅游者； （2）国际旅游者	（1）阶段 4 旅游者； （2）细分市场旅游者
旅游吸引物	—	（1）海滩； （2）游憩设施	以海滩为中心，除此之外，还有： （1）购物； （2）小规模主题公园； （3）生态旅游	海滩不再是中心，关注焦点转移到： （1）大型主题公园； （2）高端购物； （3）细分市场旅游； （4）复杂夜间经济	在阶段 4 的基础上，加上"后福特主义"的细分市场产品，例如美术馆、游线路和产品等
住宿设施	—	（1）第二居所； （2）海滩露营； （3）家庭旅馆； （4）酒馆	（1）汽车旅馆； （2）旅游酒店； （3）公寓； （4）出租屋； （5）旅居车营地	（1）阶段 3 住宿设施； （2）五星级酒店； （3）综合型旅游度假区	（1）阶段 4 住宿设施； （2）民宿旅馆； （3）生态友好住宿
购物设施	本地居民购物	基本的旅游食品	出现休闲购物场所和大型旅游纪念品商店	在阶段 3 的基础上，出现了国际品牌直销购物中心（奥特莱斯）	在阶段 4 的基础上，出现了高端设计师购物店

续表

主要特征	阶段 1 本地旅游度假区 (1840~1870 年)	阶段 2 区域旅游度假区 (1870~1950 年)	阶段 3 国家旅游度假区 (1950~1980 年)	阶段 4 世界旅游度假区 (1985~2000 年)	阶段 5 后世界旅游度假区 (2000 年至今)
交通设施	—	(1) 客轮; (2) 马车; (3) 铁路; (4) 汽车	(1) 铁路; (2) 汽车; (3) 国内航空	(1) 铁路; (2) 汽车; (3) 国内航空; (4) 国际航空	(1) 铁路; (2) 汽车; (3) 国内航空; (4) 国际航空
市场营销	—	非正式	州旅游部门支持的目的地管理系统	国家政府和州政府支持的专业目的地管理系统	国家政府和州政府支持的专业目的地管理系统
扶持政策	仅限本地政府	仅限本地政府	(1) 本地政府; (2) 州级政府; (3) 商业组织	(1) 本地政府; (2) 州级政府; (3) 国家政府; (4) 商业组织	(1) 本地政府; (2) 州级政府; (3) 国家政府; (4) 商业组织

资料来源: Prideaux, Bruce. The Resort Development Spectrum: The Case of The Gold Coast, Australia [J]. *Tourism Geographies*, 2004, 6 (1): 26 – 58.

设施和服务也随之发展演进，体现在客源市场的远程化、多元化，产品设施的多元化、高端化和个性化，扶持政策的综合化和专业化等多个方面。

特别是黄金海岸在 1985 年成为世界旅游度假区以后，发展并不是就处于稳定或停滞状态。为了避免进入旅游目的地生命周期的衰退阶段，在全球市场上持续保持竞争力，黄金海岸仍然在不断的发展演进，并且进入了后世界旅游度假区阶段，体现为产品设施的进一步细分化、精细化、个性化。

因此，黄金海岸的发展演进路径，可供我国在建设世界级旅游度假区过程中参考借鉴。世界级旅游度假区的发展不仅是一个发展目标，更是一个动态建设过程，需要综合性的发展支持体系。即使已经成为世界级旅游度假区，仍然需要不断地顺应需求变化、细分客源市场、创新产品服务，以持续保持竞争力。

第三节　以拉斯维加斯为代表的旅游度假目的地型

拉斯维加斯位于美国内华达州的东南部，地处沙漠的边缘地带，面积 350 平方千米。2019 年市区人口约 65 万人，大都市区居民超过 200万人，为内华达州人口最多的城市，也是著名的旅游城市，拥有近 15万间客房和超过 102 万平方米的会展场所，号称世界娱乐之都和会展之都。

一、发展简述

拉斯维加斯是典型的"人造"旅游城市，研究其发展演进轨迹对于我国建设世界级旅游度假区具有借鉴意义。

（一）　以赌场为核心的度假产品

1931 年 3 月 19 日，内华达州将赌博合法化。同年，胡佛水坝开工建设，当地人口迅速增加，酒店、餐厅、赌场、夜总会不断增多。这一阶段，拉斯维加斯发展重点为博彩业。20 世纪 40 年代起，博彩业逐渐从老城区弗雷蒙大街向拉斯维加斯大街聚集。同时，将休闲娱乐和赌场相结合的酒店赌场逐渐成为主流。1946 年，火烈鸟酒店在拉斯维加斯开业，这是拉斯维加斯第一家豪华赌场酒店。到 20 世纪 50 年代，拉斯维加斯已基本形成以拉斯维加斯大街为中心的酒店赌场集群，成为以赌博为特色的著名旅游地。

（二）　以赌场为核心的综合型度假酒店

1966 年，美国企业家休斯出资购买了拉斯维加斯的数家赌场酒店，将酒店正式带入专业化经营轨道。此后，希尔顿、凯越、米高梅等财团陆续进军拉斯维加斯，全市旅游业开始从少数富人投资经营企业向集团化经营管理转变。百乐宫、米高梅大酒店、凯撒宫、威尼斯人等度假酒店集中在拉斯维加斯大街两侧，是集游戏、娱乐、赌博、观光、购物、餐饮于一体的旅游度假综合体，不少建筑风格鲜明，建筑规模较大。随着一批大型综合度假酒店的兴建，拉斯维加斯成为豪华度假酒店聚集地，旅游产业进入高速发展期。

（三）　具有多元度假产品群的旅游目的地

20 世纪 90 年代以来，拉斯维加斯为了拓展游客群体，应对其他博彩旅游城市的挑战，开始打出"家庭拉斯维加斯"的宣传口号，将游客目标群体从参与赌博的成年人转变为包括儿童在内的所有家庭成员，主题公园、儿童游乐设施开始涌现。2000 年以来，拉斯维加斯再次调整方向，将独特旅游体验作为宣传卖点，主打文化休闲和主题娱乐，推出了以太阳马戏团为代表的一大批高水准精品演出和体育赛事，旅游业与文化娱乐深度融合。在此过程中，非博彩业已经成为拉斯维加斯的主要旅游收入来源，拉斯维加斯成功实现从"赌城"到"世界娱乐之都"的转变。同时，依托旅游产业优势，拉斯维加斯逐渐发展会展经济，形成旅游产业、文化产业和商务会展"三足鼎立"之势。

二、经验借鉴

拉斯维加斯从沙漠边缘的绿洲，成为"世界娱乐之都"，其发展经验可供我国建设世界级旅游度假区参考借鉴。

（一）依托文化娱乐产业打造核心旅游吸引力

拉斯维加斯本身并没有太多历史底蕴和文化遗产。2003 年拉斯维加斯的著名旅游推广宣传语"就让这里发生的事情留在这里"（What Happens Here，Stays Here）鲜明地体现出拉斯维加斯"纸醉金迷"的城市气质，其主要旅游设施和文化产品也体现出"娱乐至上"的特征（文化和旅游部，2020）。

拉斯维加斯的文化娱乐业十分发达，各类"秀"场和流行音乐演出举世闻名，是博彩业之外拉动夜间经济、提高游客过夜率的主力。拉斯维加斯平均每晚有近百场付费演出，包括剧场秀、演唱会、模仿秀、脱口秀、魔术表演、音乐剧等。许多酒店还会举办免费户外演出，如百乐宫酒店的喷泉演出、幻彩酒店的火山喷发演出等。其中，制作最精美、最受游客欢迎的是以太阳马戏团为代表的综艺演出。这些演出融合了杂技、舞蹈、戏剧等多种表演形式，演出剧场为专门打造，演出票价通常在 100 美元以上。受到国际游客欢迎的还有语言门槛较低的魔术演出和无台词音乐演出。拉斯维加斯的文娱产品完全以市场反馈为导向，如果产品内容过时或营收表现不佳则会面临停演，这种市场导向的"优胜劣汰"促进了文娱产品的升级换代。

（二）度假区和区域融合形成全域旅游目的地

拉斯维加斯周边自然旅游资源丰富，在旅游发展的过程中整合了周边景区共同发展。旅游者到达拉斯维加斯以后，往往会一并游览周边景区，例如近郊的胡佛水坝和米德湖国家休闲区，内华达州内的红石峡谷，亚利桑那州北部的大峡谷国家公园、格兰峡谷国家保护区，加利福尼亚州东南部的死亡谷国家公园等。通过"联动"这些旅游线路促进了区域旅游业的协同发展，以及全域旅游目的地的形成。

（三）核心度假产品群融合形成综合型旅游度假区

拉斯维加斯旅游业的发展轨迹可以概括为"核心度假产品"→"核心度假产品＋辅助度假产品"→"核心度假产品群＋目的地"等三大阶段。

第一阶段（1931～1960年）。拉斯维加斯因为赌博合法化而发展博彩业，主要吸引本地旅游者，但是由于本地市场规模较小导致增长乏力，拉斯维加斯需要建成旅游目的地，以扩大市场规模。

第二阶段（1961～2000年）。由于美国部分州的赌博合法化，拉斯维加斯失去了垄断优势，只能围绕着赌场推出了建设包含餐饮和住宿等度假产品的综合型度假酒店以吸引旅游者。

第三阶段（2001年至今）。拉斯维加斯进一步发展了主题度假、零售、餐饮、娱乐等多个核心度假产品，并整合了周边旅游区域，逐步摆脱了对博彩业的依赖，建成了综合型旅游度假区。

（四）发展支持体系融合形成优越旅游营商环境

联邦政府助力基础设施建设。美国联邦政府对地方旅游发展并无统一规划和直接管理，但其一系列州际高速公路发展计划和国防建设项目弥补了拉斯维加斯的许多先天不足，成为其发展的重要助力。1931 年，拉斯维加斯东南 48 千米处的胡佛水坝开始兴建，大批工人涌入拉斯维加斯，当地人口迅速增加，城市规模随之发展。1936 年大坝竣工，坝后形成人工水库米德湖，为拉斯维加斯提供了充足的水资源和水电供应，形成了新的水上旅游资源，同时也带来了全美各地游客。第二次世界大战后期，联邦政府投资在拉斯维加斯周边地区建设镁厂和内利斯空军基地，为拉斯维加斯增加了数十万人的本地消费市场，同时也为拉斯维加斯的赌博业和其他服务业提供了发展机遇。

优惠的投资鼓励政策。与美国西部其他各州相比，内华达州的生活成本低且生活水准高，州政府近年来为保持该州在西部经济发展中的前沿地位，一直采取小政府、低税率、方便企业注册和融资的政策，创造了良好的营商环境。内华达位列全美税率最低的州之列，免除了企业所得税、个人所得税、库存税、遗产税、特殊无形财产税等，营业税等也减免到了极低水平。

市场主导的旅游管理机制。拉斯维加斯市政府在旅游发展中承担政策支持、城市规划、基础设施建设等职能，但是并不直接参与旅游管理。拉斯维加斯会展和观光局（LVCVA）负责旅游数据统计、政策建议和营销推广，由内华达州立法设立，为半官方机构，由董事会管理，成员包括政府、企业、居民代表，运营经费完全来自游客支付的客房税。LVCVA 还负责运营拉斯维加斯会展中心，也是全美旅游推广机构中唯一负责展馆经营的旅游推广机构。作为市政府与旅游企业之间的桥梁，LVCVA 可实现政府与企业的高效沟通，通过跨部门协调，实现整体层面上的旅游产品升级。同时，LVCVA 通过分析旅游统计数据和董事会成员意见，可建议市政府完善基础设施，引导旅游业从业者采取扩建住宿房间、更新酒店外形环境、增加餐饮地点、提供无障碍设施等措施，从而进一步完善旅游发展保障系统。

第四节　以蒙特勒为代表的精细化服务提升满意度型

蒙特勒镇依傍在瑞士日内瓦湖的避风湾，周围是葡萄园，背后是白雪皑皑的阿尔卑斯山，景色十分壮丽，是著名的旅游度假区。文化和旅游部对蒙特勒的旅游发展模式进行过深入研究。

一、发展简述

瑞士沃州的蒙特勒（Montreux），位于瑞士日内瓦湖东岸区域，是一个景观优美、气候舒适的旅游城镇。它是一个世界著名的滨湖旅游度假胜地，被称为"瑞士的里维埃拉"。

蒙特勒和周边区域以独特的湖区风光和雪山景观著称，再加上特色的葡萄种植业、古朴的城镇风貌，吸引了很多名人在此度假和旅居，包括影星卓别林、奥黛丽·赫本等均在此留下了生活的足迹。蒙特勒还是著名的美容旅游胜地，吸引了无数社会名流。

二、经验借鉴

（一）整合周边区域建设联合旅游度假区

瑞士蒙特勒旅游度假区隶属瑞士沃州政府管辖，除遵循州政府制定的相关政策外，2001 年之后，蒙特勒先后与邻近的里维埃拉、沃韦、拉沃等 3 个地区共同组成联合旅游度假区，共同协调发展，由蒙特勒—里维埃拉—沃韦—拉沃地区旅游局（以下简称"MVT"）负责具体旅游发展与推广政策，涵盖沿日内瓦湖地区的 17 个市镇。

目前,蒙特勒联合旅游度假区多个城镇在 MVT 发展战略框架下形成了旅游协同发展态势,以"纯粹灵感"(pure inspiration)为统一对外宣传口号,发展创意旅游、深度体验旅游等,将本地区传统的冰川、湖泊景观与有特色的葡萄园景观等相结合,举办一年一度的葡萄种植者节等活动。

(二)基于国内市场开拓全球市场

2019 年蒙特勒联合旅游度假区过夜游客数接近 76 万,比前一年增长 25.8%,酒店客房入住率增长 56.8%(文化和旅游部,2020)。游客来源最多的为瑞士本国人,外国游客数量按由多到少排列依次为美国、法国、中国和英国。

MVT 根据不同客源市场特征制定差异化旅游政策。按照其确定的优先客源国家市场名录,以" + "为标志分为三个级别(即特别重要、非常重要和一般重要)予以评定,并从六个细分化原则入手进行评估,即景区核心特征、相关主题形象、旗舰产品、特色及亮点、是否制定差别化战略和季节因素六个方面予以评估,重点搜集上述优先客源国家市场的反馈情况。具体实施则由 MVT 指导委员会负责管理、运行和评估。

按照 MVT 制定的发展战略,蒙特勒联合旅游度假区最重要的客源市场(即优先客源国家和地区)依次为:瑞士本国、法国、美国和加拿大、海湾国家、英国和爱尔兰、德国、中国、俄罗斯。

(三)文化和旅游融合发展形成竞争力

从国家层面来看,瑞士的文旅融合发展有三种模式:文化遗产、历史建筑与旅游的融合;博物馆、会展与旅游的融合;节庆活动与旅游的融合。而蒙特勒联合旅游度假区由于其丰厚、独特的文化资源,特征鲜明的文化产品,兼有上述三种融合方式。

文化遗产、历史建筑与旅游的融合。2016年瑞士共有包括城堡、教堂、桥梁和雕像等在内的国家古迹27.2万处，其中75084处古迹被授予特殊保护，超过半数的国家古迹分布在沃州、弗里堡州、日内瓦州、伯尔尼州和阿尔高州（文化和旅游部，2020）。MVT所辖的拉沃葡萄园就是世界文化遗产地，而蒙特勒所在的沃州亦拥有最多的国家重要景点，包括著名的西庸城堡。这些文化遗产和历史建筑由于其完整、真实且不可复制的唯一性，构成了蒙特勒联合旅游度假区的宝贵文化财富。

博物馆、会展与旅游的融合。瑞士善于将旅游与其他行业相结合，充分发挥辐射功能。例如瑞士每年举办3000多个国际性、区域性会议及数百个展览会，参会者达数千万人，如达沃斯世界经济论坛年会、巴塞尔国际钟表及珠宝展览会等著名的会议、展览活动均落户于此，有力地带动了日内瓦、圣加伦、洛桑、苏黎世和巴塞尔等周边城市的旅游业发展（文化和旅游部，2020）。在蒙特勒地区，则重点将卓别林的故居打造为"卓别林的世界"博物馆，成为将名人故居打造成旅游景点的典型案例。在这座包括庄园宅邸和公园的博物馆里，既可以饱览日内瓦湖的美景，也可以了解这位电影巨匠的生平与贡献。

节庆活动与旅游的融合。瑞士不同地区每个季节都会有节日庆典活动，其节庆游览活动的3张名片分别为"民俗庆典""音乐节"和"电影节"。在蒙特勒，最有名的则为爵士音乐节，该音乐节于1967年首次举办，起初只是一个为期3天的活动，如今已成为一个长达16天的盛典，主题包含爵士、蓝调、摇滚、世界音乐、说唱、电子、流行音乐等，每年吸引超过22万名游客慕名前往蒙特勒（文化和旅游部，2020）。此外，近几年蒙特勒联合旅游度假区重点打造的"葡萄种植者节"也以其新奇、趣味与体验等特征吸引了很多游客，逐渐成为当地特色节庆与旅游融合的新名片。

（四）打造综合性旅游度假产品体系

打造综合性度假产品。围绕"纯粹灵感"的旅游宣传口号，蒙特勒联合旅游度假区围绕以下五个领域重点开发旅游产品：大型活动、文化与休闲娱乐、生活艺术与葡萄酒文化、研学与康养之旅、商务旅行。其经营模式采取科学、灵活、多样化的方式，依托自然资源优势，带动相关产业发展，进而盘活经济，设计出多样化的旅游产品，遍及水上水下、山上山下、地面空中，以及许多文化与自然、历史与现代完美融合的旅游项目。不断推陈出新，例如设计展示瑞士工业产品的"创新之旅"路线、不同以往"土豪"形象而更加有内涵的"新奢侈品之旅"等项目。

开发特色康养旅游产品。瑞士蒙特勒所在的日内瓦湖畔地区除自然景观及文化遗产外、节庆会展之外，在休闲康养方面也有着较丰厚的资源，主要包括水疗、滑雪、温泉、美容（知名药妆品牌如莱珀妮"La Prairie"体验）、"雀巢巧克力文化之旅"等。针对不同国家游客实施差别化个性化服务，例如上述水疗、温泉等产品主要面向德国游客，美容体验产品则特别面向中国、日本等亚洲各地游客。

（五）精细化服务提升游客满意度

瑞士尤其重视旅游服务质量，处处着眼于细节，在信息时代尤其注重提升服务质量。除传统手段外，为了方便游客体验瑞士习俗，瑞士旅游局推出了游览项目"Tour de Suisse"，在其官方网站维护并更新一份文化活动列表，用户可按月份、地区和艺术、体育等类别查询，该网站还推出了活动列表的手机应用（App），供用户查询所在地附近的文化活动信息，方便游客在旅游的同时更好地感受瑞士的文化氛围，了解瑞士的文化底蕴。在蒙特勒，当地还推出了一套网络预订系统，涵盖酒店预订、信息索引查询、当地旅游资源、交通讯息等全套服务，并推出不同组合的旅游套餐产品，游客可根据自身需要选择一套最适合自己的旅游产品套餐，从而节省了大量的时间和精力。

蒙特勒各类无障碍设施完备，景区服务细致、人性化，充分考虑了各类弱势群体的需求，比如有可供肢体不便人士通行的专用通道，针对老年人的字体较大、更为醒目的标识或文字说明，以及个别地区有面向儿童的更为浅显易懂的卡通或漫画式的景区说明、图解等，从而满足了不同旅游者群体的需求。

第五节　以圣托里尼为代表的文化遗产活化利用型

希腊的圣托里尼岛位于爱琴海南部，历史悠久、文化浓郁、风景优美，拥有大量希腊古典的蓝白色系建筑，又以多彩的沙滩和纯净的海湾著称，成为世界著名的爱情旅游度假胜地。这里也是传说中的古代发达文明亚特兰蒂斯大陆沉没的地方，充满神秘气息。

一、发展简述

圣托里尼位于希腊首都雅典东南 200 千米的爱琴海上，由 3 个岛组成。圣托里尼是其中最大的一个岛，面积约 73 平方千米，人口约 1.4 万人。

"圣托里尼"是 13 世纪时威尼斯人所命名的，此前这个岛称为锡拉岛、卡利斯提或斯特隆基里。圣托里尼岛上有人类居住的历史可追溯到公元前 16 世纪，人类在岛上的活动辉煌一时。在该岛发掘的阿克罗迪利遗址中发现了建筑、陶器、壁画等，制作精美、线条流畅，显示了岛上经济发达，文明活跃。现存于雅典国家考古博物馆的《拳击手》《渔夫》，以及《春》等著名壁画，已成为圣托里尼，乃至整个基克拉泽斯（Cyclades）文明的重要名片。

公元前1500年前后，圣托里尼岛发生了一次猛烈的火山喷发，引发大地震，导致该岛文明灭绝。同时也导致希腊最早文明，即克里特岛上的米诺斯文明的消亡。后在公元前1420年左右，来自希腊伯罗奔尼撒半岛的迈锡尼人占领了克里特岛，开启了迈锡尼文明。随着近几年考古研究的新发现，一些考古学家和历史学家认为圣托里尼岛很有可能就是古代有着高度文明、神秘消失的亚特兰蒂斯古国。该古国在古希腊哲学家柏拉图的著作《对话录》中曾被提及过。圣托里尼岛与希腊本土一样，先后经历过古希腊时期、古罗马时期，后被东罗马帝国所统治。1579年该岛的控制权落入奥斯曼帝国手中，1912年圣托里尼岛划归希腊管辖。在政权的交替之中，也造就了圣托里尼岛上多种文明的融合。

二、经验借鉴

圣托里尼作为文化遗产和自然景观兼备的世界著名旅游度假区，与我国很多旅游度假区具有相似之处，其发展经验值得我国参考借鉴。

（一）整合全岛资源建设旅游度假目的地

将圣托里尼岛作为整体旅游目的地进行统一开发，突出圣托里尼的文化特征，打造新的文化观光路线，为每条路线设置不同景观打卡地。扩展费拉—伊亚经典线路以外的全岛文化旅游资源，摆脱圣托里尼目前"独特居住体验+观赏日落"较为单一的旅游体验模式，缓解岛内热门目的地的拥挤并促进新兴目的地和多样化服务的发展，强调突出岛屿地域特色和特殊自然环境形式，例如美食旅游、葡萄酒旅游、乡村旅游。

（二）依托文化遗产打造旅游核心竞争力

体现文化旅游度假区的独特性。圣托里尼的历史古迹、悬崖酒店、火山景观、海岛度假和浪漫体验是独一无二和不可复制的，游客在圣托里尼能感受到的，不论是大处布局统一、小处风格迥异的装潢设计，还是当地人的淳朴善良热情好客，都是当地文化久经岁月沉淀形成的独特文化体验。

独特的建筑文化。从前，圣托里尼岛主要由渔村组成，岛上的居民大多是渔民。岛上特殊的地形造就了独特的住宅方案，通过悬崖上的岩石开凿洞穴来创造他们的生活空间，从外部看只有拱形的入口，使得房子安全隐蔽，可以远离海盗。岛上建筑的基本色是蓝和白，白色的墙和蓝色的门窗房顶，蓝白相间的建筑与爱琴海蔚蓝的海水相映生辉，非常别致。每个建筑层层叠叠依山势而走，错落有致，很是壮观。当地政府对岛内建筑在规划建设方面有严格规定，一方面要考虑外立面的色彩与风格的统一，另一方面要考虑防震抗震的需要。

鲜见的火山文化。圣托里尼岛原为一个圆形岛，公元前 1500 年前后的火山爆发使圣托里尼岛中间塌陷，成为一个大岛和两个小岛。圣托里尼的主岛宛如一个月牙，一面是悬崖峭壁，另一面是渐入海洋的平原。火山的爆发，使圣托里尼岛上的沙子也与别处不同。这里有黑沙、红沙、白沙，是由火山喷发后细碎的火山岩形成的。最著名的是黑沙滩，这里的水也是黑色的，据说有滋养皮肤的美容作用。黑沙滩带来不一样的度假体验，营造着不一样的爱琴海度假氛围，深受游客的青睐。

丰富的历史遗产。米诺斯城遗址、古瑟拉遗址、威尼斯城堡、梅加罗吉兹文化中心、考古及民俗博物馆、海军博物馆、东正教和天主教教堂、修道院等文物遗址和文化设施，以及锡拉市的重现火山喷发表演、霍拉里亚体育竞赛、圣托里尼传统婚礼表演、安坡里奥的圣十字节、"圣母升天节"等演出、赛事和纪念活动等，都各具特色，吸引了众多海外游客。

圣洁的爱情文化。圣托里尼独特的浪漫景致吸引了很多情侣和夫妻来这里度假，特别是新婚夫妇来此度蜜月，拍摄婚纱照，其中蓝顶教堂在东正教文化中为虔诚与圣洁的象征，是很多西方游客慕名而来的重要原因。圣托里尼很多酒店结合这一主题提供了很多相关的服务项目，特别是婚纱照服务在岛上是需要特别申请和受保护的，游客不能随意拍摄。在汉语中"爱琴海"的名字与"爱情"谐音，也是希腊旅游在中国推广的重要口号。

别样的农耕文化。因为气候及土壤原因，圣托里尼形成了独特的葡萄种植方法。每一棵葡萄都宛似一棵灌木，一簇簇地摊在地上。葡萄甜美，葡萄酒酿制法独特，该岛盛产 36 种葡萄酒。此外，岛上的啤酒也是口味独特的特产。

（三）打造综合性旅游度假产品体系

观光旅游产品。依托美丽的自然景观和独具特色的文化魅力，圣托里尼的旅游者来自世界各国。圣托里尼岛上著名的旅游景点有伊亚小镇、费拉小镇、蓝顶教堂、伊莫洛维里小镇、黑沙滩、红沙滩等。它们有的可以欣赏到夺人心魄的最美落日，以及希腊独有的白房子、老风车、蓝天碧海、黑沙红沙等景观；有的有繁华而独特的民宿和购物店，让游客驻足流连；有的曾荣登《国家地理》杂志，令人朝思暮想，心驰神往；还有代表古希腊文明的古遗址、古文物、古非遗等，无一不是当地独特的自然景观与文化底蕴的完美结合，也成为其最具吸引力的文化旅游名片。

游艇旅游产品。希腊继承了其船舶制造业和远洋航运业的产业基础，其游艇产业非常发达。除了私人游艇拥有率较高外，希腊还有完善的游艇租赁服务，在圣托里尼的旅游旺季，每天有 100 多艘游艇出海，主力船型是 45～55 英尺的双体帆船，4 个小时左右的出海游收费 200 欧元左右（文化和旅游部，2020）。游艇旅游活动主要包括观赏日景或夜景、游泳、晚餐、温泉、悬崖景观、潜水等。船上有多名职业船员提供专业服务。希腊游艇旅游由当地大型旅游机构直接投资、运营和管理，拥有自己的游艇船队。各商业街上都有游艇旅游的游客接待站点，提供多样化的游艇旅游服务，游客可以随时付费登船。

海滨度假产品。以海洋沙滩休闲为主，包括沙滩浴场、海上运动、沙滩运动、阳光沐浴、海鲜美食、海滩酒吧等产品。白天，圣托里尼的游客主要集中在海边或海上。到了晚上，在品尝完各种美食之后，圣托里尼的夜生活也非常丰富，从世界各地请来的音乐节目主持人（DJ）、歌手、模特和舞者会呈上精彩表演。

餐饮住宿购物。从雅典乘飞机 45～50 分钟可到达圣托里尼机场，每天有数班航班，搭乘轮渡用时 8～9 小时。圣托里尼的酒店按照其地理位置、类型、规格、档次等，住宿价格从一二百欧元到上千欧元不等，因旅游淡旺季和预定时间早晚而有所变化，可以为不同需求和消费档次的游客提供服务。餐饮主要为地中海风味，其中以海鲜为主，意面烧烤等西餐一应俱全，也有中餐、日餐、印餐等特色餐厅。圣托里尼的购物也有独特之处，可以到亚特兰蒂斯书店买几本老旧的精装古书籍，或者品味咖啡并阅读小说，伴着晚霞，体验圣托里尼的生活乐趣。可以到 MATI 艺术馆欣赏希腊著名艺术家以鱼为主题的作品，体会海洋艺术的独特魅力。也可以到特色购物店挑选各种精美的首饰，或者采购希腊本土的、由纯天然植物提取的而制成的品牌护肤品，以及火山石手工艺品、传统服饰等。

（四）实现环境保护和可持续发展

快速增长的游客量给圣托里尼带来了前所未有的经济效益，但无节制的过度旅游开发也给圣托里尼当地环境造成了巨大压力。目前圣托里尼在旺季时已呈现过度旅游趋势，对当地社会和旅游造成严重压力，特别是井喷式的游客增长数量对当地居民的生活造成了很大影响，包括居民生活成本提高、违章建筑增加、旅游旺季主要路段拥堵、旅游垃圾增多、供水供电压力增大、行车及停车困难等。

圣托里尼作为世界级旅游胜地，是希腊旅游产品向尊重环境和文化遗产的可持续发展模式转变的典型案例。为了实现圣托里尼文化旅游可持续发展的目标，希腊当地旅游组织、商会和欧盟相关机构积极开展多方合作，寻求过度旅游的解决方案。希腊旅游部向希腊议会提出专门针对圣托里尼的发展议案，内容包括改善圣托里尼岛基础设施，提升旅游产品管理，强调可持续发展的优先度等。

（五）度假酒店和旅居设施融合发展

圣托里尼岛的旅游住宿设施包括度假酒店、短租房、别墅等多种类型，共同构成了旅游住宿设施体系，能够满足旅游者的观光旅游、短期度假、旅居生活等多元化需求，实现了度假酒店和旅居设施融合发展。

根据希腊酒店商会统计，2019 年圣托里尼岛星级酒店共有 14045 张床位，短租房和别墅共有 3619 张床位，公寓式酒店则有 22099 张床位。

第六节　以芭提雅为代表的特色旅游度假产品型

旅游业是泰国经济支柱产业，泰国是世界上深受欢迎的旅游目的地，旅游资源丰富，因拥有绵长的海岸线，其热带海滨的资源优势和竞争力尤为突出。作为泰国著名海滨度假胜地，芭提雅得益于地处东部经济走廊（EEC）春武里府的区位优势，是起步较早、发展较为成熟的主要旅游目的地。

一、发展简述

芭提雅距曼谷东南方150千米，是位于泰国春武里府内的"府级特别市"，占地约208平方千米，临近乌塔堡国际机场（45千米）及素万纳普国际机场（110千米）。作为泰国中部地区重要的经贸往来、内外交通和物流集散枢纽，距曼谷车程仅约2小时，是距离首都曼谷最近的城市海滨度假旅游目的地。

芭提雅原是人烟稀少的渔村。1961年，在泰国政府的政策导向和国内外投资共同开发支持的条件下，芭提雅成为泰国第一个面向国际游客发展的旅游目的地。20世纪六七十年代，受美国驻军休闲度假需求刺激，芭提雅经历了快速但无序的发展，但也因此逐步成为泰国主要的海滨度假区。区位好、消费低、景点多使得芭提雅吸引了数量日益增长的游客，也刺激了这座城市的旅游市场收获了持续快速发展。1996～2006年，芭提雅接待游客数量增长显著，年均旅游人数达到600万人次，其中国际游客占比2/3。近年来，芭提雅已成为东南亚最为重要的滨海度假、康养旅居、文化体验旅游目的地，被称为"东方的夏威夷"。

如表3-2所示，根据中国文化和旅游部数据，2019年芭提雅旅游度假区主要客源构成以泰国本国游客居多，占比为33.58%，当年有4743846人次。2019年，前往芭提雅旅游度假区的外国游客中，来自中国、俄罗斯、印度、韩国、德国的游客位居前5位。中国是其海外最大客源国，2019年有3120329人次前往芭提雅旅游，占主要客源构成比例为22.09%。俄罗斯是其海外第二大客源国，2019年有1145501人次前往芭提雅旅游，占主要客源构成比例的8.11%。

表 3-2 2019 年芭提雅旅游度假区主要客源构成

国别	旅游人数（人次）	占比（%）
泰国	4743846	33.58
中国	3120329	22.09
俄罗斯	1145501	8.11
印度	668078	4.73
韩国	656889	4.65
德国	396063	2.80
中东地区	392481	2.78
英国	292117	2.07
越南	270483	1.91

资料来源：文化和旅游部. 部分世界知名度假区和度假地参考资料［R］. 2020.

二、经验借鉴

（一）营造良好的旅游政策环境

芭提雅数十年的旅游业发展都得益于泰国政府对旅游业的整体政策引导。从泰国政府提出综合利用国内外投资开始，芭提雅就作为泰国的国家级重点滨海旅游目的地实现了快速发展，在发展过程中泰国国家旅游局也将其作为重点对外宣传推广对象并助力其旅游产品的创新和升级。泰国政府出台的加强基础设施建设、保护旅游资源和生态环境等政策，以及从国际旅游向国内旅游推进的相关规划，也有效引导了芭提雅旅游业的可持续发展。

（二）以精品思维推动产业升级

芭提雅能在国际旅游市场占有一席之地，其成功原因之一在于它充分注重依托节庆、多元文化创造性地开发旅游产品，增加旅游产品附加值，形成了以文促旅、以旅彰文的良性生态。同时，重视跟进国内、国际旅游市场的发展趋势和旅游需求变化，立足挖掘当地自然、文化资源，深耕细分市场，不断开发针对不同客户群体的旅游产品和服务，满足不同类型旅游者的多样化旅游度假需求。

（三）实现区域旅游综合协调发展

芭提雅明确提出要打造成为"旅游经济可持续发展的世界宜居城市"，推动发展模式转型升级，大力开发国内旅游市场，减轻对境外旅游市场的过度依赖，提出要充分利用自然、艺术、文化、民间传说等资源进行旅游开发，同时向游客和本地居民提供文化、体育等旅游休闲服务，完善医疗、教育等配套基础设施和公共服务。

第七节　以尼斯湖为代表的创新营销推广型

尼斯湖（Loch Ness）是苏格兰高地的心脏和旅游中心，位于英国苏格兰高原北部的大峡谷中，是英国第三大的淡水湖。尼斯湖长 37 千米，北端与著名小城因弗内斯（Inverness）相连，最宽处 2.4 千米，平均深度 200 米，最深处 298 米（文化和旅游部，2020）。尼斯湖为世界所熟知，主要基于 1933 年第一张关于尼斯湖水怪的照片出现，此后生活在尼斯湖深处大型水怪的传说在世界范围内流传，其具有的科学意义和神秘特点也吸引着到访英国的游客前去一探究竟。

一、旅游发展思路

（一）利用水怪传说发展探秘旅游

尼斯湖景区围绕尼斯湖探秘这一具有吸引力的旅游主题，开发出各具特色的游船旅游线路。目前，共有 8 个主要游船游览线路，分别从 3 个港口出发，其中在映像（Reflection）和沉思（Contemplation）两个港口配备无障碍通道（文化和旅游部，2020）。部分游船线路还提供水下探测设备供游客体验水怪探秘，增强了游览的趣味性和参与度。近两年还新增了私人订制巡游，游客可以包船到湖上游览，游览常规线路不能到达的地方，增加了旅游的深度、自由度和趣味性。

（二）整合苏格兰高地旅游目的地

游客到访苏格兰，一般都会去爱丁堡和格拉斯哥两座具有魅力和人文特色的城市游览，同时，苏格兰高地也是该区域最热门的旅游目的地。爱丁堡和格拉斯哥都提供了丰富的可供游客选择的自由行或者跟团游线路，在多样化的旅游线路中，尼斯湖都是苏格兰高地旅游的必游之地，正是由于苏格兰的旅游目的地一体化推广模式，苏格兰城市旅游、高地旅游和尼斯湖旅游构成相互带动和良性互促的景点资源体系。

（三）丰富旅游产品和增强文化体验

一是城堡游览和湖泊观光。厄克特城堡（Urquhart Castle）是尼斯湖景区的重要景点，该城堡就坐落在尼斯湖岸边，从高地最大的城堡废墟中欣赏尼斯湖的壮丽景色成为所有到访游客观览尼斯湖的最好的方式。同时，城堡和湖泊的游览组合方式也是苏格兰地区众多景点旅游的特色。

二是增加体验展示项目。游客可以到尼斯湖展示体验馆探索，从中可以进一步了解尼斯湖的历史发展脉络。展示体验馆设 7 个主题，游客可自行参观，这其中包括尼斯湖的形成历史和发展演变的介绍，同时也有围绕尼斯湖水怪的各种谜团和科学探索的信息分享。

三是增强数字体验效果。展示体验馆提供三维动画、激光演示和特效方式让游客对于尼斯湖有更为直观、立体和深入的了解。其中专设了关于水怪探测设备的展览和体验，通过游览和学习，游客对于尼斯湖的地质构造和文化传说有更为直观和丰富的体验。同时，这些数字文旅设施也能有效促进游客增长科学知识和丰富科技体验。

（四）完善旅游交通基础设施

距离尼斯湖最近的因弗内斯（Inverness）小城旅游设施健全，也为尼斯湖吸引游客提供了基础性条件，该市的旅游交通尤为便利，机场距离市中心只有 10 分钟车程（文化和旅游部，2020）。通往因弗内斯的公路和铁路完善，因弗内斯机场到城市的公共交通非常快捷，有公共汽车和出租车等多种服务，同时还提供租车等服务。

二、辅助旅游项目

尼斯湖景区以尼斯湖游览和厄克特城堡为核心景点，从其旅游宣传口号"不仅有水怪"（More Than Just A Monster）也不难看出，为了形成更为丰富的旅游体验，增加尼斯湖地区多日旅游的吸引力，景区还增加了相关的辅助旅游项目以供游客选择和体验，让游客体验尼斯湖除了水怪之外的魅力。

（一）夜晚极光观赏

尼斯湖景区是英国黑夜时间较长的地区之一，在夜晚能看到满天星斗甚至极光，游客可以尝试景区的夜间旅游，呼吸新鲜的空气，眺望迷人的星空，体验不一样的尼斯湖夜景。夜间旅游的发展，丰富了尼斯湖的旅游产品体系，提高了尼斯湖的游客过夜率。

（二）尼斯湖户外徒步

尼斯湖的户外徒步路线非常多，如果不满足于短时间的乘船湖上游览，深度户外徒步是游览尼斯湖的又一种方式。景区承担徒步道的管理和维护职能。被强烈推荐徒步线路的主要有三条，能满足不同时间和体验需要，并都提供了详细的导览和停车服务。按徒步时长分别为：第一条为低山徒步线路（Meall Fuar-mhonaidh），徒步时长约为 3 个小时；第二条为幽谷徒步线路（Glen Affric），徒步时长约为 6 小时；第三条为部分环湖徒步线路（The South Loch Ness Trail），全部时长为 2～3 天，可以游览不同视角的尼斯湖并感受因弗内斯小城。

（三）威士忌美酒旅游

威士忌酒是苏格兰的代名词，世界各地的人们常将其称为"苏格兰威士忌"。苏格兰分为五个不同的威士忌酒生产地区：坎贝尔敦、低地、艾莱岛、斯佩塞德和高地，最靠近因弗内斯和尼斯湖的酿酒厂就属于高地威士忌酒。因此，游览高地威士忌酒厂成为尼斯湖旅游线路中的热门旅游项目。同时，一些威士忌酒厂的酒旅融合发展已经非常完善，专设游客中心，游客可以深入体验威士忌酒的制作过程，并品尝自己酿制的酒品。

三、便 利 措 施

（一）无障碍设施齐备

厄克特城堡的游客中心位置非常方便进入，这里为行动不便的人士提供摄影协助，还提供残疾儿童车。景区提供的残障设施还包括无障碍厕所、助听器等。残障人士可以享受到苏格兰政府规定的各项优待政策，景区为残障人士减价门票，并且他们的护工可以免费陪同入内。

（二）旅游服务设施充足

尼斯湖在游客中心和展示体验馆都设有购物场所，方便游客购买当地的旅游纪念品，同时咖啡厅也是景点必备休闲设施，为游客提供休闲和餐饮等空间。除此之外，因弗内斯还有一个大型购物商场"东门购物中心"（Eastgate Shopping Center），专供本地居民和游客购物，包含主流的高端品牌和轻奢品牌。购物中心搭配便利的无障碍设施和便民服务设备，设施涵盖无障碍通道、无障碍厕所、母婴休息室、自动取款机、失物查询处和免费 Wi-Fi 热点等。

（三）住宿类型多样便捷

尼斯湖景区靠近因弗内斯小城，该城市的住宿、餐饮等设施都极为方便。值得一提的是，尼斯湖景区网站链接了城市地图，游客可以通过搜索便捷地获得住宿和餐饮资源。同时，在城市地图上有住宿分类图标，游客可以非常便捷地选择不同类型和偏好的住宿，包括酒店、自助式小屋、民宿、房车、露营地和船上住宿等多种产品可供体验。

（四）辅助性产品多样

在整个尼斯湖湖区及周边，景区致力于打造综合性的旅游产品体系，除了湖区游览和展示体验馆体验，游客可以在湖区周边轻松找到健身、家庭娱乐、餐饮、皮划艇等旅游休闲活动的地点和资源。在尼斯湖网站上也有为游客提供便捷的资源信息链接，大大提升了旅游产品活动的充实性和丰富性，增强了这里作为休闲度假目的地的吸引力。

（五）亲子旅游产品丰富

在尼斯湖展示体验馆特设儿童体验服务区，注重体验性和娱乐性，针对 6 岁以下的儿童免费。通过娱乐活动、场景变化和丰富的体验设备寓教于乐，开展地理、历史、生物、英语、戏剧、音乐等研学活动。

（六）注重特色旅游营销

2016 年开展的尼斯湖怪兽小贴士活动，其怪兽形象和尼斯湖的知名特点相吻合，利用视觉形象凸显旅游目的地的特点和魅力，突出了尼斯湖区域将给游客带来令人兴奋和惊叹的特色体验之旅。

第八节　以坎昆为代表的系统性规划跨越式发展型

墨西哥的坎昆位于加勒比海北部、尤卡坦半岛东北，是一座长达 21 千米、宽度仅有 400 米的美丽岛屿（文化和旅游部，2020）。历史上，坎昆一直被墨西哥政府视为"难以管理的不毛之地"。直到 20 世纪 70 年代，坎昆还是个偏僻的小渔村，是墨西哥经济社会发展水平最落后的地区之一。然而，经过 50 多年的发展建设，坎昆已成为世界著名的十大海滩之一，集滨海旅游、运动养生、文化娱乐、商务会展等多重旅游度假功能于一体，是墨西哥享誉全球的国际滨海旅游度假区。

一、发展简述

（一）历史背景

20 世纪 60 年代，墨西哥政府认识到发展旅游业对创收外汇、增加就业和带动区域经济发展的重要性，于 1962 年颁布了第一部《国家旅游发展规划》，将旅游业发展上升到了国家战略高度，并将遴选和建设新的综合性旅游度假区视为旅游业发展的优先事项。经过对自然资源、人文景观、客源市场、经济基础和生态环境承载力等进行考察和论证，1969 年初墨西哥政府建议建立包括坎昆在内的五个综合性旅游度假区。

（二）总体规划

20 世纪 70 年代是坎昆旅游度假区的起步期，交通和旅游基础设施逐步建成并投入使用。1974 年，坎昆国际机场建成投产，第一批度假酒店开始运营。同年，墨西哥的国家旅游促进基金（Fondo Nacional de Fomento al Turismo）成立，负责编制总体规划并指导坎昆整体开发，主要规划思路有三点：一是以坎昆岛为中心建设旅游区，建设度假酒店、购物中心、高尔夫球场和海上娱乐中心等旅游设施；二是以坎昆市为中心建设生活区；三是在坎昆至图伦高速公路旁建设"坎昆国际机场"。该规划将坎昆合理划分为旅游度假区、居民生活区、国际机场区和生态保护区四大部分，各自功能既相对独立又相互融合。1975 年，坎昆正式开始接待游客，当年旅游人数就突破了 10 万人次。

20 世纪 80 年代是坎昆旅游度假区的腾飞期，基础设施持续投入，旅游产业经济效应显现。1981 年，"关于合作与发展的国际会议"（坎昆会议）召开，使坎昆闻名全球，此后游客人数呈直线上升。1989 年，坎昆旅游人数突破 100 万人次大关。

20 世纪 90 年代，坎昆旅游度假区走向成熟期，坎昆国际机场成为墨西哥第二大机场。

21 世纪至今，坎昆旅游度假区在新的时代背景下继续发展，国家旅游促进基金力求将其打造成世界级水上运动中心和高尔夫胜地。

（三）发展现状

坎昆已经发展成世界著名的旅游度假区，也是整个拉美地区人气最高的度假区之一。墨西哥国家统计局数据显示，2019 年坎昆共接待游客 600 余万人次，入境旅游收入 60.75 亿美元。邮轮旅游者人均消费 82 美元，普通旅游者人均消费 1011.43 美元。截至 2019 年底，坎昆共有各类度假酒店 190 家，客房总数 3.7 万余间，全年平均入住率为 80.4%。

在旅游客源市场方面，2019 年坎昆旅游度假区 49.6% 的游客来自墨西哥国内，主要为墨西哥城和新莱昂州，35.7% 的游客来自美国，主要为得克萨斯州和加利福尼亚州。坎昆旅游度假区的主要游客群体为 40～49 岁的中年人。坎昆旅游度假区的游客满意度较高，重游率高达 52.3%，73.5% 的到访游客订购旅行套餐，其中 55.2% 为"全包"模式的旅行套餐，85.5% 的游客入住度假酒店，仅有 8.6% 游客选择入住民宿。

二、发展路径与亮点

（一）经济效益和社会效益协同发展

对于坎昆旅游度假区的开发，墨西哥政府始终坚持统筹兼顾经济效益和社会效益的原则。旅游业的发展不仅使坎昆完成从"偏远小渔村"到"世界度假区"的转型升级，更将成果惠及民生，带来了当地人民收入和生活水平的提高。2017 年世界旅游及旅行理事会（WTTC）数据显示，坎昆的旅游业对地方国内生产总值的贡献率高达 49.6%，创造直接就业岗位 14.8 万个，占全州全部工作岗位的 37.7%。为进一步通过旅游业带动就业发展，当地政府举办旅游职业技能培训，全面提高从业人员基本素质和职业技能。在居民收入方面，根据墨西哥竞争力研究所（IMCO）数据，当地居民人均收入较40年前大幅提升，其中专业人员月薪已达1.5万比索（约742美元），与墨西哥城并列为全国专业人员收入最高的城市。

在居民生活方面，综合考虑经济、社会、环境等各方面因素，当地居民生活质量位居墨西哥百万人口城市之首。在治安方面，当地酒店、警察、军队等共筑安全体系，通过安装摄像头、安排警犬巡逻、雇佣安保人员等方式，最大限度减少犯罪行为发生，为坎昆旅游度假区赢得了"墨西哥最安全地区"的美誉。旅游业的发展还将当地原住民的纺织品、木雕、陶器等特色手工艺品带入国内外游客视野中，在景区、工艺品市场和度假酒店均有销售，方便游客咨询选购。此外，地方政府通过举办大型国际展会促进当地手工艺品走向世界，实现旅游富民的目标。

（二）资源开发与环境保护协调发展

坎昆的地理位置使其易受气候和水文变化影响，生态环境脆弱。因此，坎昆旅游度假区开发过程中始终注重生态建设和环境保护，河道与红树林受严格保护，除了正常的航道清理外，禁止任何人工砍伐。20多千米的酒店区主干道一侧是酒店，另一侧是保护完好的红树林，完美体现了在保护中发展、在发展中保护的生态环保理念。随着全球气候变暖，频繁的飓风刮走了大片沙滩，毁坏了大片红树林和珊瑚礁。墨西哥联邦政府和坎昆地方政府对此有十分清醒的认识，积极地进行生态修复。

此外，坎昆旅游度假区所属的贝尼托·华雷斯市明确将环境和生态平衡保护、固体和工业废物处理、气体和污水排放等要求写入《2019至2030年城市发展规划》中，每个细节中都体现出"像爱护生命一样爱护生态环境"的理念和行事原则。目前，坎昆旅游度假区维持着整洁自然的"本色"，大片土地都是自然植被。为了保护水体环境，游客在海滩游泳不允许使用自带的防晒油，联邦生态环境和自然资源部每年定期对水体进行抽样检测。此外，坎昆还是著名的海龟筑巢保护区。2015年，贝尼托·华雷斯市启动了海龟保护计划，在保护生态环境和物种多样性的同时，来坎昆看海龟也成为当地特色旅游项目。

（三）旅游度假与历史文化融合发展

玛雅文化是坎昆最为鲜明的文化符号，有超过 1/3 的游客将玛雅文化视为坎昆最主要的旅游吸引物。在开发旅游度假设施的同时，当地也在保护基础上挖掘玛雅文化资源、开发玛雅主题产品，不仅丰富和提升了旅游产品的文化内涵，也为旅游发展提供了持续动力。墨西哥政府在对坎昆开发之初就特别注意对玛雅遗址区域的保护。2012 年，政府推出了"玛雅世界"的旅游规划，在尤卡坦半岛建设了"玛雅水世界""玛雅文化博物馆"等重点文旅项目，并将坎昆周边的奇琴伊察、图卢姆等文化遗迹纳入区域旅游目的地。为进一步串联旅游线路，墨西哥政府还规划了途经墨西哥东南部 5 个州的"玛雅铁路"项目，其全长1525 千米，将包括海滩、考古遗址、博物馆等在内的近 200 个文旅资源串联起来。"玛雅铁路"建成后，将带动尤卡坦半岛全域旅游发展，丰富坎昆及周边地区文旅产品类型（文化和旅游部，2020）。

此外，近些年来热门的希卡莱特水上乐园（Parque Xcaret）是玛雅文化和水文景观相结合的大型水上主题游乐园，也是墨西哥目前最为知名的文化主题公园之一。在园区内能漂流地下河、参观动物园，而其文化"金字招牌"则是每晚精彩绝伦的墨西哥文化大秀。从史前到现代的历史文脉贯穿演出始终，演员们在舞台上演绎着玛雅胯球比赛、欧洲侵略者征服墨西哥、墨西哥独立战争等主题，最后进行墨西哥 32 个州的民俗风情展示，将文旅元素巧妙融合，多年来好评如潮，成为景区吸引游客的一大亮点。

（四）旅游设施与品质服务共同发展

墨西哥政府参照世界一流标准对坎昆旅游度假区的"吃住行游购娱"等旅游产品和要素进行规划设计。为打造"国际会议之都"，当地政府吸引丽思卡尔顿、希尔顿、万豪、凯悦等众多国际知名度假酒店入驻坎昆。另外，在酒店区和市区分别建设坎昆会议中心和坎昆展览中心等会展设施，每年都有各种高规格国际会议在坎昆召开，促使其国际知名度提升，旅游淡季变旺季，经济效益也"水涨船高"。在餐饮和购物方面，坎昆旅游度假区内有各式餐厅和饭店、酒吧和舞厅、大型商店和购物中心等，以满足入住游客的不同需求。此外，度假区还依托红树林、海滩和海洋生物等资源，建设了红树林探险、大型水族馆、水上乐园、高尔夫球场等旅游度假项目，大大丰富了旅游产品多样性。

在旅游设施"高大上"上做足功夫的同时，坎昆也不忘从细节上把控旅游服务品质，处处体现人文关怀。坎昆正在打造"老年人友好城市"和"包容型海滩"。为方便残疾人和行动不便的老年人，酒店客房和公共区域设有扶手、坡道、防滑垫和指示牌，还特别建造了连通酒店和沙滩的木栈道，并提供两栖轮椅、特制拐杖和人员服务。在一些景点周边，采取为盲人和视障人士提供特殊交通信号灯等具体措施。

第九节 以富士山为代表的自然生态景观型

一、历史沿革和交通区位

富士山作为日本著名的登山观景、艺术创作、科学考察及宗教朝拜

圣地，被视为日本最具代表性的景区。富士山本体最高海拔 3776.12
米，是日本的最高峰，也是现存的活火山之一。1936 年，富士山被日
本政府指定为国立公园，1952 年指定为特别名胜，2011 年指定为历史
遗迹。2013 年，富士山被联合国教科文组织列入世界文化遗产名录，
登录名称为"富士山—信仰的对象和艺术的源泉"。

从地理位置看，富士山横跨山梨、静冈两个县。山梨县一侧注重传
统旅游业的开发与推广，静冈县一侧注重自然和文化资源的充分保护。
如果将富士山看作一个景区，那么其山体本身和其山脚下周边广大区
域，如山梨县的富士吉田市、富士河口湖町，静冈县的富士宫市、富士
郡等都是这个景区的一部分。总体而言，富士山景区可以视为发展全域
旅游的旅游目的地。

二、资源禀赋和文化特征

富士山已成为日本的文化符号，富士山在日本国民心中是神圣之
地，登顶富士山已经不仅是一种户外运动，更是一种朝圣活动，每年到
登山季节几乎都是接踵摩肩，络绎不绝。文学方面，日本最古老的诗歌
集《万叶集》中就有咏叹富士山的作品，后来的《新古今和歌集》《源
氏物语》《伊势物语》等均有大量歌颂富士山的内容。

现存最古老的有关富士山的美术作品，是 1069 年创作收藏于东京
国立博物馆的《圣德太子绘传》，用山水画风格展现圣德太子骑着黑马
踏上富士山的景象。其后，伴随富士信仰文化的建立，镰仓时代的《伊
势物语绘卷》《富士曼陀罗图》成为一种特别的艺术存在。室町时代由
雪舟创作的《富士三保清见寺图》成为当时最杰出的作品。江户时代
的葛饰北斋所作名画《富岳三十六景》至今仍被美术爱好者不断临摹
且用于各类文化产品上。

三、旅游要素和产品业态

富士山因其独有的地形地貌，造就了丰富的旅游资源，也形成了较为全面丰富的旅游产品业态。富士山的最佳景观山水一色，游客可以先乘车抵达停车场，在半山腰仰视富士山的雄美壮丽，然后自山腰处乘缆车抵达富士山脚下的富士五湖边，乘游船游览湖光山色。日本现行 1 千日元纸币背面图案即为此场景，终年积雪的富士山和清澈湖水的倒影交相辉映。富士五湖的湖畔有众多的温泉旅馆，可以餐饮、住宿和休憩，湖边还有各类小型的美术馆、博物馆、纪念品商店等可供游览。

富士山脚下还有很多观光景点。"白丝瀑布"的上游是富士山雪水融化而成，经熔岩断层涌出形成地下水上流，可谓罕见；"朝雾高原"视野开阔，是凝望富士山的最佳景点；"钻石富士"是广大摄影爱好者和游客的打卡胜地；"富士急乐园"是综合游乐场，有亚洲最高的过山车；"御殿场"有日本最大的奥特莱斯，包括了主要的奢侈品牌，是游客购物必选之地。此外，富士山脚下还分布着众多的天然温泉、地热资源和冰川洞穴，以及千百年来人们为朝拜而不断修建的神社寺庙。富士山的食住行游购娱等旅游要素齐备，可以说是日本全要素景区代表和文旅融合典范。

四、住宿餐饮和基本服务

登山、观景和泡温泉，这是日本国民上千年来最主要的旅游休闲活动。富士山脚下住宿设施约 400 多家，多集中分布在山梨县富士河口湖町周边，包括星级酒店、商务酒店、精品民宿、温泉旅馆等。这些住宿设施因地热资源丰富，多数都设有室内外温泉洗浴设施。例如著名度假酒店"温泉寺梦殿""湖南庄"，距离富士山 16 千米，有多个大型套间，天然温泉入户，配备私人专属露天温泉设施，卧室可自由选择日式榻榻米或西式软床，提供高级日式会席料理。

商务酒店更注重经济适用性，主要面向会议培训和短期出差商务人士，有自助餐厅、小型会议室。观光酒店则注重面向家庭休闲和团队旅游服务，提供免费无线网络、专用停车场、纪念品商店、特色餐厅等。民宿酒店住客多为登山爱好者、摄影爱好者、画家等。近年来越来越多的自由行游客也开始选择物美价廉的民宿酒店。温泉旅馆是来自大城市游客选择的首选住宿地，也是最能体验日式服务的地点。一般温泉旅馆为日式榻榻米房间，按人收费，费用包含早餐、晚餐、停车费及旅馆内温泉洗浴设施。

五、环境监测和无障碍设施

2004 年，日本国土交通省气象厅在富士山顶设立富士山特别地域气象观测所，2007 年开始进行多项山顶研究活动，主要观测大气中二氧化碳浓度、福岛核电站泄漏事故产生的放射性物质、雷暴等极端天气预警等。近年来，观测所还进行高寒医学研究、大气中水蒸气提取饮用水等技术开发。

日本社会整体公共服务水平发达，甚至三线城市景区的无障碍设施均已普及，富士山这样的知名景区更是典范。富士山景区范围内所有餐厅、酒店、旅馆以及博物馆、美术馆，均有专为老年人、儿童及残障人士等特殊需要人群配备的专用座椅、无障碍通道和多功能厕所等服务。

六、旅游统计和市场结构

因为富士山是全域旅游目的地，并不是封闭式的旅游景区，所以目前没有单独针对富士山的旅游统计数据，主要根据山梨县旅游统计数据进行分析。从近年市场情况看，富士山景区旅游人数大致为山梨县旅游人数的一半。2018 年，山梨县旅游人数为 3769 万人次，其中到访富士山景区的旅游人数 1850 万人次，人均消费超过 1 万日元。到访山梨县的外国游客为 2709 万人次，其中入境过夜外国游客 219 万人次，市场占比前三的地区分别为中国大陆（41.6%）、中国台湾（15.7%）、泰国（9.8%）。外国游客的主要出游目的分别是体验大自然、泡温泉和购物。

第十节　以西西里岛为代表的全域旅游发展型

旅游业是意大利经济的重要支柱产业，西西里岛在意大利旅游行业中的地位又尤为突出，是各国游客到意大利的必游目的地。作为地中海上最大的岛屿，西西里拥有便利的交通区位、迷人的自然风光和深厚的人文底蕴，发展旅游业具有巨大优势。

一、西西里岛旅游业概况

西西里岛（意大利语：Sicilia）历史悠久，属于意大利共和国西西里大区管辖，面积 2.57 万平方千米，海岸线长 1484 千米，是地中海最大的岛屿，岛屿周边有 2 组大群岛、4 组小群岛，总人口约 500 万人。西西里岛位于意大利南部，地中海中部，形状类似一个三角形，东北端隔 3 千米宽的墨西拿海峡与亚平宁半岛相望。岛上多丘陵，属于典型的地中海气候，冬季温暖潮湿，而夏季则干燥炎热。沿海地区气候炎热，特别是西南部分夏天酷热，最高温度可达到 48℃。

西西里岛旅游业发达，旅游业增加值占到了地方国内生产总值的 15%，一直深受国内游客和入境游客的青睐，但对中国游客而言还相对陌生。西西里政府统计数据显示，2017 年全岛共有 28908 家旅游相关企业，6750 家接待住宿机构，共提供 203260 个住宿床位，其中酒店 1302 家，公寓、民宿等共 5448 家。2018 年访问西西里岛的游客数量超过了 1500 万人次，在意大利各大区中排名第十，其中外国游客多达 499 万人次，但在 2017 年仅有 2 万多名中国游客到访西西里岛，总体而言，中国游客在西西里岛旅游客源市场中的占比还较小。

二、西西里岛旅游产品特点

西西里岛历史文化资源丰富，自然景观优美多样，当地政府因地制宜充分开发旅游资源，打造了不同主题和特色的旅游产品。

（一）自然景观游

西西里岛上主要自然景观包括：3 座活火山、6 条河流、1 个自然湖泊佩古萨湖和数个沿海湖泊、85 个自然保护区、4 个区域公园。各自然保护区和区域公园都有鲜明的特色，全岛海滩众多。其中较为著名的景点包括埃特纳活火山、莫西拿沼泽、斯特龙博利岛、津加罗自然保护区等，这些壮美的自然景观产生了巨大的旅游吸引力。

（二）历史文化游

西西里岛的历史悠久，因其处于地中海中心，其战略位置决定了多种民族文化在此融合。西西里岛因历史原因受希腊文化影响最为深远，此外还有西库尔人、西坎人、伊利米人、腓尼基人等的文化遗迹。岛上共有 7 处景点录入联合国世界文化遗产名录，其中包括阿格里真托神殿之谷、诺托壁垒、卡萨尔的罗马别墅和艺术之城皮亚扎阿尔梅里纳、锡拉库扎和潘塔立克石墓群、巴勒莫的阿拉伯—诺曼风格建筑群以及切法卢和蒙雷阿莱大教堂，这些文化遗产体现了西方文化、伊斯兰文化和拜占庭文化在西西里岛的融合，也是不同民族和宗教的人们（穆斯林、拜占庭、拉丁语系、犹太人、罗穆巴人和法国人）在西西里岛共存的见证。

在历史文化遗产基础上，西西里岛政府积极开发文化主题游，如每年2月在阿格里真托举办杏花节、每年2月3～6日在卡塔尼亚（Catania）举办纪念城市守护神的圣阿加莎节等，均以其深厚的历史文化底蕴吸引大量海外游客到访。

（三）电影主题游

西西里岛因其文化底蕴和自然景观，一直是意大利重要的影视拍摄基地，西方电影史上有大量著名电影都是以此地为背景制作的，包括《教父》《西西里的美丽传说》《邮差》《豹》《天堂电影院》《新天堂星探》等经典电影。这些电影拍摄地每年吸引大量影迷前来参观游览，影片本身也为西西里岛在世界范围内做了大量宣传。当地政府因此不定期举办各类电影节、电影主题旅游项目。

（四）美食主题游

西西里美食因其精致而浓烈的味道而广为人知，岛上有很多独特的香料和食材，因此西西里岛的餐饮风味独特。历史上因各民族混居融合，当地的饮食文化源远流长，最早可以追溯到大希腊时期（Magna Grecia），同时还融合了古罗马、阿拉伯、西班牙以及法国时期的饮食文化。

三、西西里岛旅游支持政策

考虑到旅游业对于区域经济发展的重要性，当地各级政府对于旅游业的发展一直优先予以鼓励政策，主要包括如下政策。

（一）鼓励产业融合发展

旅游业的发展有赖于交通、基建、住宿、餐饮、环境等各行各业，单纯鼓励发展旅游业并不实际，应该以政府为主统筹各相关产业融合发展。

（二）打造"西西里"品牌

近年来地方政府重点打造"西西里"旅游品牌，通过在区域内部建立统一的"西西里制造"食品、手工艺品和葡萄酒的生产宣传体系，融合西西里岛特有的历史文化基因，打造出有别于意大利其他地区的"西西里"品牌风格和整体形象。当地政府还于 2021 年 G20 峰会在意大利举办之际，通过旅游领域峰会进一步宣传"西西里"品牌形象。

（三）制定区统一指导文件

西西里大区内各地区间的旅游行业政府指导文件各不相同，大区政府正致力于协调各地区出台新的大区统一旅游发展指导文件，为旅游业各领域制定统一标准和发展要求，推动当地旅游业统筹协调发展。

第四章

我国旅游度假市场需求特征

在中国旅游研究院（文化和旅游部数据中心）的文化和旅游大数据、全国城乡居民休闲行为数据库等基础上，运用数量模型分析方法，研究我国城乡居民休闲度假的时间特征、空间特征、内容特征，总结我国居民休闲度假行为规律，基于"需求导向"原则，建设人民群众满意的世界级旅游度假区。

第一节　居民休闲行为特征

自 2012 年以来，中国旅游研究院对我国代表性城市的城乡居民休闲行为持续进行问卷调查和网络调查，针对国民休闲发展趋势进行跟踪研究。

一、居民休闲行为现状

我国居民休闲时间持续减少已成为制约休闲质量提升的主要因素，但是居民的休闲空间不断扩大、休闲活动更加积极多样，特别是农村居民的旅游需求已进入快速增长期。

（一）居民休闲时间持续减少

2012 年我国城镇和农村居民分别有 1774 小时和 1766 小时的年休闲时间。2017 年城镇和农村居民的年休闲时间分别减少为 1407 小时和 1441 小时，减少幅度分别为 20.7% 和 18.4%。2012 ~ 2017 年，城镇居民工作日、周末和节假日的日均休闲时间分别减少了 1.25 小时、0.58 小时和 0.38 小时，农村居民农忙和农闲时节的日均休闲时间分别减少了 0.94 小时和 0.83 小时。据经济合作与发展组织（OECD）统计，2009 年德国、英国和美国居民年休闲时间分别为 2190 小时、2050 小时和 1900 小时，OECD 国家平均水平为 1892 小时。与发达国家相比，我国居民年休闲时间有较大差距。

发达国家劳动者工作时间随社会发展而持续减少。1979 ~ 2016 年，经济合作与发展组织国家全职劳动者的年工作时间总量从 1935 小时下降到了 1764 小时。其中，2016 年德国、法国全职劳动者工作时间仅为 1363 小时和 1472 小时。与之相反，2012 ~ 2017 年我国城镇劳动者的工作时间显著增加，日均工作时间从 2012 年的 8.13 小时增加到 2017 年的 8.23 小时，相应的年工作时间从 1968 小时增加到 1992 小时。农村劳动者的工作时间则稳定在较高水平，我国农村劳动者年劳动时间从 2012 年的 2502 小时略微减少到 2017 年的 2495 小时，显著多于城镇劳动者。

2012 年以来，我国居民休闲时间快速减少、工作时间稳中有升，社会发展并未直接带来休闲时间增加，与发达国家差距不断拉大。据调查，2017 年有 71.4% 的城镇居民和 66.0% 的农村居民表示"工作时间过长，工作过于劳累"是制约休闲质量提升的最主要因素。

（二）户外休闲活动增加拓展居民休闲空间

2012 ~ 2017 年，城镇居民的户外休闲比例持续增加，休闲空间范围不断扩大，远距离休闲（离家 10 千米以上）比例增长迅速。2012 年城镇居民工作日、周末和节假日（国庆黄金周）的居家休闲比例分别为50.7%、39.1%和34.5%，到了2017年相应比例分别下降为42.8%、23.6%和18.4%，更多城镇居民走出家门享受户外休闲活动。2012年城镇居民工作日、周末和节假日远距离休闲比例分别为4.3%、10.8%和26.0%，到了2017年相应比例分别上升为5.1%、13.0%和37.1%，旅游景区和城市郊野成为城镇居民的重要休闲空间（中国旅游研究院，2018）。

农村居民的休闲空间主要局限于家庭内部，但近年来户外休闲比例不断增加，远距离休闲进入快速增长期。农村居民农忙时节户外休闲比例从2012年的26.9%上升到2017年的34.8%，农闲时节户外休闲比例从2012年的42.4%上升到2017年的46.5%。值得我们重视的是，农村居民远距离休闲比例长期低于2.0%，但近两年开始快速增长，特别是农闲时节远距离休闲比例从2015年的2.0%猛增到2017年的8.2%。随着私家车进入农户，旅游和城市休闲成为农村居民的重要休闲方式（中国旅游研究院，2018）。

（三）"积极"休闲增强休闲经济社会功能

2012年以来，我国城镇居民旅游比例持续增加，文化娱乐、体育健身、餐饮购物比例相对稳定，家庭休闲比例不断降低。2012年我国城镇居民在工作日、周末和节假日选择旅游的比例分别为1.1%、4.3%和20.2%，到了2017年相应比例已达到8.4%、22.1%和42.2%，旅游这种异地休闲方式已成为增长最为活跃的部分。2012年我国城镇居民在工作日、周末和节假日选择看电视、上网、闲聊等家庭休闲活动的比例分别为51.1%、38.8%和33.3%，到了2017年相应比例分别下降为42.6%、26.3%和24.8%（中国旅游研究院，2018）。城镇居民的休闲活动正在从"消极"向"积极"转变，休闲活动带来的消费、养生、健康、文化、社交、教育等经济社会功能也在不断增强。

我国农村居民选择旅游的比例快速增加，越来越多的农村居民参加户外文化体育活动。2012～2017 年，农村居民选择旅游作为休闲活动的比例有所增加，农忙和农闲时节旅游所占比例分别从 2012 年的 0.9% 和 1.4% 增长到 2017 年的 2.3% 和 8.7%。相应地，2012 年我国农村居民在农忙和农闲时节选择家庭休闲的比例分别为 73.7% 和 68.2%，到了 2017 年相应比例下降为 73.2% 和 62.6%（中国旅游研究院，2018）。农村居民休闲也在向"积极"方向转变，农忙时体育健身、农闲时旅游购物开始成为时尚的生活方式。但与城镇居民相比，农村居民的休闲活动多样性和休闲消费能力仍显不足。

二、居民休闲质量提升制约因素

我国居民休闲还存在社区休闲设施不足、郊野休闲空间可进入性差、旅游景区休闲功能弱、国民休闲缺乏统一规划管理等诸多问题，应该以增加国民休闲时间总量、构建国民休闲空间体系、建立国民休闲顶层设计、优化节假日结构等为抓手，构建我国国民休闲发展提升策略。

（一）休闲时间较少制约休闲质量提升

在我国居民休闲空间不断扩大、休闲活动日趋"积极"的同时，休闲时间呈现持续减少的趋势，已成为制约国民休闲质量提升首要因素。居民每日 24 小时可以分为工作时间、家务劳动时间、个人护理时间（吃饭、睡觉等）和休闲时间四类。一般而言，各国居民用于个人护理的时间差别较小，并不能充分解释休闲时间差异。导致我国与发达国家居民年休闲时间总量存在差距的原因包括以下两大方面：

第一，工作和家务劳动时间挤占休闲时间。我国经济社会转型导致劳动关系矛盾凸显，结构性就业矛盾突出，劳动者在劳资关系中处于弱势地位。虽然《劳动法》规定"劳动者每日工作时间不超过 8 小时、平均每周工作时间不超过 44 小时"，但很多劳动者由于工作量大、就业不稳定等原因而主动或被动延长工作时间，工作日工作时间经常超过 8 小时，周末和节假日加班较为普遍，导致休闲时间被工作时间严重挤占。另外，我国劳动年龄人口就业率总体高于经济合作与发展组织国家水平，全职主妇等生活方式相对较少，我国有更多劳动者需要承受工作和家务劳动双重压力。最后，我国的学龄前教育和老年人长期护理服务体系并不健全，长期护理保险等制度尚未推广，很多劳动者从质量和成本等角度考虑而只能自行照顾儿童、残疾人和老人，繁重的家务劳动进一步挤占休闲时间。

第二，实际享受带薪年休假天数较少。一般而言，居民在节假日的日均休闲时间远多于工作日，因此居民实际享受的带薪年休假和法定节假日天数将直接影响年休闲时间总量。我国年法定节假日为 11 天，与欧洲发达国家差距不大，但带薪年休假最低天数和落实效果却有较大差距。我国《职工带薪年休假条例》规定职工依据工龄的长短可享受 5～15 天的带薪年休假，但全国的整体落实率仅为 50% 左右，农民工、临时工、灵活就业者等难以享受到带薪年休假（中国旅游研究院，2018）。欧盟规定成员国的带薪年休假最低为 20 个工作日，从各国的具体落实效果来看均大幅度超过此最低标准。最后，由于较难请到事假和病假，我国很多居民利用年休假和节假日来办事和看病，也导致节假日没有被真正用于休闲目的。

（二）缺乏完善国民休闲空间系统

首先，社区休闲空间严重不足。社区是使用率最高的休闲空间。城镇居民工作日、周末和节假日的户外休闲活动中分别有 69.5%、58.3% 和 33.3% 在离家 3 千米以内，农村居民农忙和农闲时节的相应比例分别为 83.3% 和 68.7%。但是，我国多数社区内部休闲设施不足，社区间休闲设施不互通，学校等单位内部休闲设施不开放。我国城镇居民在工作日每日仅有 2.91 小时休闲时间，农村居民在农忙时节每日仅有 3.07 小时休闲时间，如果在离家步行范围内缺乏休闲设施，会直接导致居民放弃工作日和农忙时节户外休闲（中国旅游研究院，2018）。

其次，郊野空间缺乏可进入性。城乡郊野广阔的森林、草原、湖泊、湿地、山岳等资源是重要的休闲空间。我国长期重视城乡郊野的经济、生态功能，而忽视开发休闲游憩功能。我国郊野空间可进入性不强，配套服务设施不健全，每年因"驴友"强行进入郊野空间而引发诸多迷路、坠亡等安全事故。

最后，旅游景区未充分发挥休闲功能。休闲游憩是居民在惯常环境内的日常生活，具有使用频率高、价格敏感性强、产业融合度大等特点，与旅游观光有显著差异。我国旅游景区往往同时具备旅游和休闲双重功能，但在具体开发过程中过分强调旅游观光功能，过度采用封闭式商业开发模式，忽视了休闲游憩功能的发挥，忽视了资源的开放和共享，导致居民陷入"优质旅游景区在经济上无法进入、普通郊野资源在交通上无法进入、社区休闲设施在时间上无法进入"的困境。

（三）国民休闲制度框架体系有待改进

第一，节假日制度需要进一步完善。首先，节假日休闲过于集中。由于全国带薪年休假落实率不高，多数职工依靠法定节假日来满足出游需求，导致交通拥堵、景区超载、接待力不足等诸多问题。在已落实带薪年休假制度的单位中，绝大多数职工在暑期集中休假，也加剧了出游需求的集中爆发和季节性波动。其次，节假日碎片化严重。休闲时间连续性对休闲质量有巨大影响，节假日与周末相比，在休闲半径和休闲活动方面都有巨大提升，能产生更多的经济社会效益。因此，提升休闲质量不仅要增加休闲时间总量，也要增强休闲时间连续性。我国现在多个小长假与两个黄金周并存的法定节假日制度，以及实际中常被"化整为零"的带薪年休假，一定程度上导致节假日碎片化并影响休闲质量。

第二，国民休闲缺乏统一规划管理。居民的社区休闲空间、城郊游憩空间和旅游观光空间共同构成国民休闲空间，但这些空间由不同部门规划管理，相互之间缺乏沟通衔接，缺乏统一的空间规划来管理运营，休闲空间之间缺少休闲绿道和街道连接而形成网络状体系。居民休闲包括旅游、餐饮购物、文化娱乐和体育健身等多种互补类型，而这些类型由文化和旅游、体育、园林绿化、自然资源等部门分别管理，缺乏国民休闲发展的顶层设计，难以有效满足居民的综合休闲需求。

三、基本结论

（一）度假旅游有效需求不足，度假产品呈"康养化"趋势

我国居民近年来休闲时间快速减少，工作时间稳中有升，特别是实际享受的带薪年休假天数较少，导致以较长时间的度假旅游为主要产品的旅游度假区有效需求不足。居民在法定节假日集中出游，又造成了旅游度假区的旺季游客超载、季节波动剧烈。由于老年居民休闲时间相对较多，我国大部分旅游度假区的客户群体里老年人比例相对较高，进而导致度假产品出现"康养化"的趋势。

（二）工作日和周末成为重要度假旅游时间

我国城镇居民选择旅游作为休闲活动的比例持续增加。2017 年在工作日、周末和节假日选择旅游的比例达到 8.4%、22.1% 和 42.2%（中国旅游研究院，2018），说明工作日和周末已成为重要的旅游时间。除了法定节假日和带薪年休假等传统旅游旺季以外，旅游度假区还应该对接居民在工作日和周末的度假旅游需求，开发出符合其市场定位、消费特征和行为规律的度假产品，从而缓解客流的季节波动性。

（三）旅游度假区应满足不同市场的休闲度假需求

我国城镇居民的休闲空间范围随休闲时间的增加而扩大。工作日主

要在以家庭为中心的步行可达范围内休闲，周末主要在都市圈内的自驾车可达范围内休闲，节假日则大量开展远距离休闲。反推市场需求结构，旅游度假区应该同时满足本地居民和旅居者的社区休闲需求，满足都市圈内居民的郊野游憩需求，满足远程旅游者的度假旅游需求，最终实现旅游者、旅居者和本地居民的共建共享共管。

（四）农村居民正在成为旅游度假区的新兴客源市场

我国农村居民的出游率较低但增长迅速。传统旅游度假区的主要客源市场为城镇旅游者，农村旅游者占比极低。在农村地区自驾车普及、收入水平提高、社会保障完善、消费观念改变等因素的作用下，农村旅游者将会成为旅游度假区的重要客源市场，需要旅游度假区根据其需求特征积极开发度假产品。

第二节　国内旅游市场特征

一、我国将全面进入大众旅游时代

党的十八大以来，我国提前 10 年实现联合国 2030 年可持续发展议程减贫目标，历史性地解决了绝对贫困问题，创造了人类减贫史上的奇迹。我国已圆满完成脱贫攻坚、全面建成小康社会的历史任务，实现第一个百年奋斗目标。

全面建成小康社会后，我国将全面进入大众旅游时代，旅游业发展仍处于重要战略机遇期，但机遇和挑战都有新的发展变化。旅游业面临高质量发展的新要求。人民群众旅游消费需求将从低层次向高品质和多样化转变，由注重观光向兼顾观光与休闲度假转变。大众旅游出行和消费偏好发生深刻变化，线上线下旅游产品和服务加速融合。大众旅游时代，旅游业发展成果要为百姓共享，旅游业要充分发挥为民、富民、利民、乐民的积极作用，成为具有显著时代特征的幸福产业。

二、大众旅游时代国内旅游客源市场特征

（一）城乡客源市场呈二元结构

从城乡划分来看，城镇居民仍然是我国国内旅游的主要客源市场。如图 4－1 所示，2021 年城镇旅游者国内出游 23.42 亿人次，占比 72.15%；农村旅游者国内出游 9.04 亿人次，占比 27.85%（中国旅游研究院，2022）。在城镇居民国内旅游出游率持续提升和人口城镇化稳步推进的背景下，预计我国城镇旅游者占据国内旅游客源市场主体的特征还将长期持续下去。

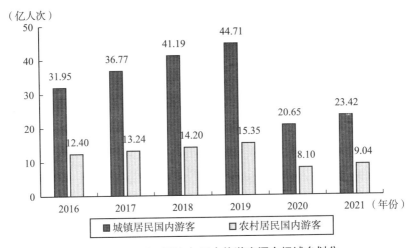

图 4－1　2016～2021 年国内旅游客源市场城乡划分

资料来源：中国旅游研究院．中国国内旅游发展年度报告 2022［R］．北京：旅游教育出版社，2022.

（二）探亲访友是最主要出游目的

从出游目的构成来看，探亲访友是国内旅游者出游的最主要目的。如图 4－2 所示，城镇国内旅游者以探亲访友为出游目的的占比为 44.3%，如图 4－3 所示，农村国内旅游者以探亲访友为出游目的的占比为 42.2%（中国旅游研究院，2022）。

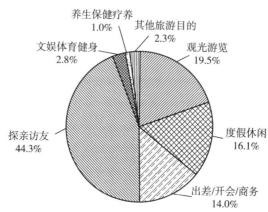

图 4－2　2021 年城镇国内旅游者出游目的构成

资料来源：中国旅游研究院. 中国国内旅游发展年度报告 2022［R］. 北京：旅游教育出版社，2022.

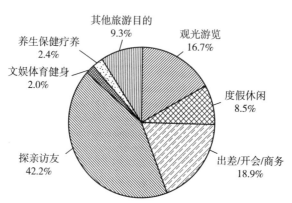

图 4－3　2021 年农村国内旅游者出游目的构成

资料来源：中国旅游研究院. 中国国内旅游发展年度报告 2022［R］. 北京：旅游教育出版社，2022.

（三）东部地区客源市场超全国一半

综合考虑国内旅游者的出游次数和停留时间等因素，如图 4 - 4 所示，2021 年东部地区占据了 51.44% 的国内旅游客源市场，西部地区占 24.47%，中部地区占 21.57%，而东北地区仅占 2.52%（中国旅游研究院，2022）。东部地区占据了一半以上的国内旅游客源市场，是国内旅游的主要客源地和旅游市场营销的重点目标区。

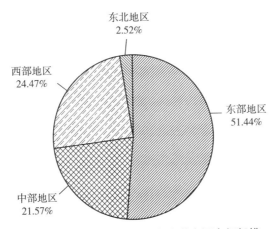

图 4 - 4　2021 年各地区国内旅游客源市场规模

资料来源：中国旅游研究院. 中国国内旅游发展年度报告 2022 ［R］. 北京：旅游教育出版社，2022.

如图 4 - 5 所示，分省份看，2021 年浙江、重庆、广东、江苏、湖南等省市具有最大的国内旅游客源市场规模，上海、重庆、浙江、北京、江苏等省市具有最高的国内旅游出游率。

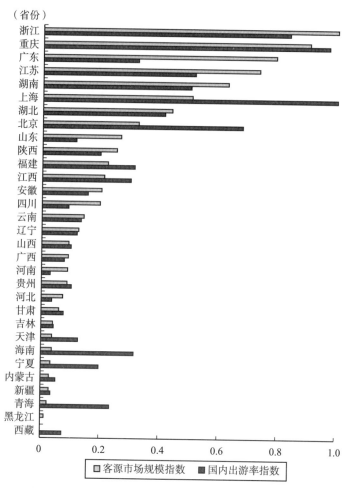

图4-5　2021年国内旅游客源市场规模和国内出游率指数

资料来源：中国旅游研究院．中国国内旅游发展年度报告2022［R］．北京：旅游教育出版社，2022．

（四）中老年旅游者成为重要客源

如图4-6所示，2021年，45～64岁的中老年旅游者出游9.02亿人次，65岁及以上的旅游者出游2.92亿人次共占国内旅游客源市场的

9.01%，成为国内旅游市场的重要客源。与此同时，14 岁及以下青少年旅游者增速较快，"一老一小"成为国内旅游的亮点和重点，老年旅游、康养旅游、研学旅行等具有广阔前景（中国旅游研究院，2022）。

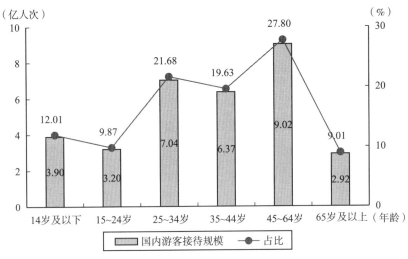

图 4 - 6 2021 年国内旅游者年龄分布

资料来源：中国旅游研究院. 中国国内旅游发展年度报告 2022［R］. 北京：旅游教育出版社，2022.

（五）国内旅游者呈现出高学历特征

我国国内旅游者呈现出高学历化的趋势。如图 4 - 7 所示，2021 年，具有大专、大学本科、研究生及以上学历的国内旅游者占比为 42.27%。如果仅考虑城镇国内旅游者，高学历旅游者占比则高达 50.49%（中国旅游研究院，2022）。

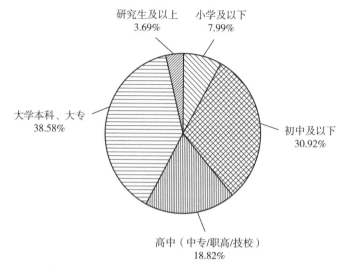

图4-7 2021年国内旅游者不同受教育程度占比

资料来源：中国旅游研究院．中国国内旅游发展年度报告2022［R］．北京：旅游教育出版社，2022．

三、大众旅游时代国内旅游目的地市场特征

（一）东部旅游目的地收入占全国近四成

2021年，全国各地区国内旅游收入存在显著差异。如图4-8、图4-9所示，东部地区国内旅游收入为57344.68亿元，占全国总收入的38.55%。中部地区和西部地区国内旅游收入分别为38806.71亿元和44440.64亿元，分别占全国总收入的26.09%和29.87%。国内旅游收入最少的为东北地区，为8172.91亿元，仅占全国总收入的5.49%（中国旅游研究院，2022）。

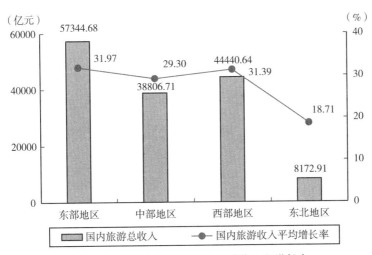

图4-8　2021年各地区国内旅游收入和增长率

资料来源：中国旅游研究院．中国国内旅游发展年度报告2022［R］．北京：旅游教育出版社，2022.

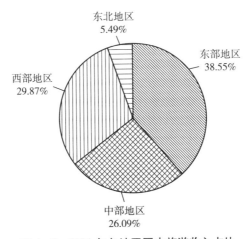

图4-9　2021年各地区国内旅游收入占比

资料来源：中国旅游研究院．中国国内旅游发展年度报告2022［R］．北京：旅游教育出版社，2022.

（二）西部地区旅游接待人数逐步接近东部

如图4-10所示，2021年，东部地区和西部地区的国内旅游接待人数差距较小，分别为 39.86 亿人次和 39.44 亿人次。中部地区的国内旅游接待人数为 37.59 亿人次。东北地区的国内旅游接待人数最少，仅为 7.12 亿人次（中国旅游研究院，2022）。东北地区受到疫情影响严重且近两年恢复速度较慢，与其他三大旅游目的地的差距有进一步拉大的风险。

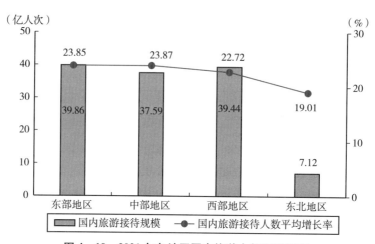

图 4-10　2021 年各地区国内旅游人数和增长率

资料来源：中国旅游研究院. 中国国内旅游发展年度报告 2022［R］. 北京：旅游教育出版社，2022.

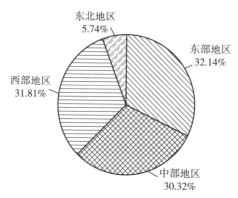

图 4-11　2021 年各地区国内旅游接待人数占比

资料来源：中国旅游研究院. 中国国内旅游发展年度报告 2022［R］. 北京：旅游教育出版社，2022.

（三）东部地区旅游人均消费大幅领先

2021年，各地区的国内旅游人均消费仍存在较大差异。东部地区的国内旅游人均消费最高，达到1438.81元，其次是东北地区和西部地区，国内旅游人均消费分别为1148.44元和1126.71元。而国内旅游人均消费最少的是中部地区，为1032.23元（中国旅游研究院，2022）。

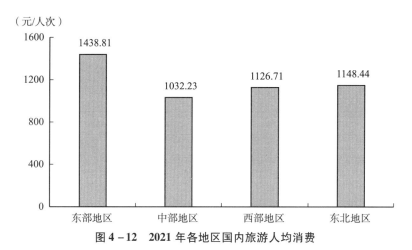

图4-12　2021年各地区国内旅游人均消费

资料来源：中国旅游研究院．中国国内旅游发展年度报告2022［R］．北京：旅游教育出版社，2022．

第三节　带薪休假国际对比研究

20世纪90年代以来，我国逐步构建起带薪休假制度的政策法规体系，见表4-1。

表 4 - 1　　　　　　　我国带薪休假制度相关的政策法规体系

时间	政策法规内容
1991 年	中共中央、国务院印发的《关于职工休假问题的通知》规定："各级党政机关、人民团体和企事业单位，可根据实际情况适当安排职工休假"
1995 年	新施行的《劳动法》第四十五条规定："国家实行带薪年休假制度"
2007 年	国务院公布的《职工带薪年休假条例》明确了职工带薪年休假的资格条件、休假时间、安排方式、监督检查、纠纷处理等内容
2008 年	人力资源和社会保障部公布的《企业职工带薪年休假实施办法》进一步细化了企业职工带薪年休假的实施办法
2013 年	《国民旅游休闲纲要》提出"2020 年职工带薪年休假制度基本得到落实"的发展目标
2014 年	《国务院关于促进旅游业改革发展的若干意见》中提出要"切实落实职工带薪休假制度"
2015 年	《2015 年国务院政府工作报告》明确提出要"落实带薪休假制度"
2017 年	《2017 年国务院政府工作报告》再次明确提出要"落实带薪休假制度"
2019 年	《国务院办公厅关于进一步激发文化和旅游消费潜力的意见》明确提出要"落实带薪休假制度，鼓励单位与职工结合工作安排和个人需要分段灵活安排带薪年休假、错峰休假"
2021 年	《"十四五"旅游业发展规划》明确提出要"完善节假日制度，推动各地区制定落实带薪年休假具体办法，鼓励机关、社会团体、企事业单位引导职工灵活安排休假时间"

资料来源：作者自行搜集整理。

　　文化和旅游部对于带薪休假制度的落实问题高度重视，对推动落实带薪休假制度工作进行了专项部署。

一、我国带薪休假制度现状特征

　　我国带薪休假整体落实率较低，制约了旅游业高质量发展和人民群众幸福感提升。

（一）带薪休假整体落实率较低

从带薪休假落实情况的抽样调查来看，机关事业单位比企业落实得好，国有企业比民营企业落实得好，大中型企业比小微企业落实得好，农民工、临时工、灵活就业者则普遍难以享受到带薪休假。考虑到中小微企业已经成为我国吸纳社会就业的主体，中国旅游研究院测算得出2015年我国带薪休假的整体落实率低于50%。

（二）制约旅游业高质量发展

由于多数劳动者难以享受到带薪休假福利，只好选择在法定节假日满足旅游度假需求，导致"黄金周"和"小长假"旅游出游量过大，产生了诸多负面影响。首先，旅游景区和度假设施出现严重超载现象，必然加速资源损耗、设施和环境的破坏，进而损害旅游资源和设施的可持续利用。其次，旅游景区超载使得自然生态环境体验、文化娱乐服务、餐饮购物质量等受到严重影响，降低了旅游者的满意度。最后，垃圾、污染和市政服务需求在短时间集中性的冲击给旅游目的地的本地居民生活带来了诸多不便，对当地生态环境造成了巨大的压力。在"黄金周"和"小长假"过后的旅游"淡季"，旅游目的地又出现大量旅游承载力和接待设施闲置浪费现象，很多旅游景区达不到维持正常运营所必需的最低客流量，影响了旅游业的可持续发展。

（三）不利于增强人民群众幸福感

《中国居民营养与慢性病状况报告（2020年）》指出，2019年我国因慢性病导致的死亡占总死亡88.5%，其中心脑血管病、癌症、慢性呼吸系统疾病死亡比例为80.7%（国家卫生健康委疾病预防控制局，

2021)。居民不健康生活方式仍然普遍存在。居民超重肥胖问题不断凸显，慢性病患病/发病仍呈上升趋势。

带薪休假能够提高国民生活质量和幸福指数，有利于增强人民群众获得感、幸福感、安全感。通过合理的休假制度安排，选择劳闲均衡的积极生活方式，能够解决过度劳动问题，缓解心理压力，预防生活方式病的发生。休息休假带来的身心放松和社会交往功能，可以激发灵感和智慧，推动创新和智力再生产，有利于提高国民素质，推进人的全面发展。

二、带薪休假制度国际经验借鉴

本节将总结发达国家带薪休假制度成功经验，以供我国落实带薪休假制度参考借鉴。

（一）法定最低带薪休假天数较多

总体而言，较多的法定带薪年休假是发达国家的重要标志（Maye，2019）。图4－13 中列出了世界上 21 个发达国家的法定带薪年休假和法定节假日天数。欧盟于 1993 年出台了《工作时间指导方案》（Working Time Directive），规定所有欧盟国家的法定带薪年休假最低为 20 个工作日（或4周），法国（30 天）、英国（28 天）、奥地利、丹麦、芬兰和瑞典等国家都确定了远高于欧盟最低水平的法定带薪年休假方案。欧盟之外的发达国家也大多有较慷慨的带薪年休假方案，例如挪威（25天）、澳大利亚（20 天）、新西兰（20 天）。加拿大和日本要求给予劳动者最少 10 天的带薪年休假，相当于欧盟标准的一半。美国是发达国家中唯一未对带薪年休假做出法律规定的国家。

（国家）

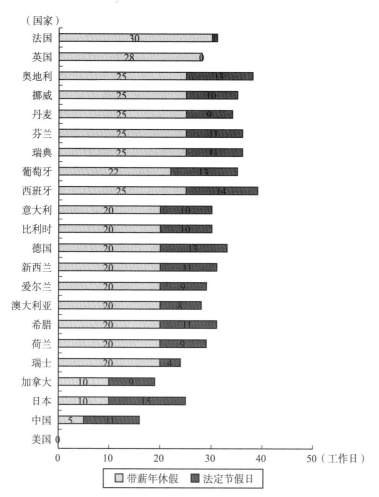

图 4 – 13　中国与经济合作与发展组织国家法定最低带薪年休假和节假日

资料来源：Maye，Adewale. *No – Vacation Nation*，*Revised* ［R］. Washington，DC：Center for Economic and Policy Research，2019.

　　我国的《职工带薪年休假条例》确定工作已满 1 年不满 10 年职工的年休假为 5 天，低于除美国以外的所有发达国家，仅相当于欧盟最低标准的 1/4，相当于加拿大和日本的一半水平。

(二) 强调对弱势群体的关怀

发达国家在确定带薪年休假制度时重视对弱势群体的关怀 (Maye, 2019)。有的国家给予青年劳动者特殊关照,例如奥地利 (额外给予 5 个工作日)、德国 (额外给予 1~6 天休假)、意大利 (额外给予 10 天) 和瑞士 (额外给予 1 周)。在瑞士,参加志愿活动的青年劳动者能额外获得 5 天休假时间。也有很多国家给予中老年劳动者更多优惠。例如,日本劳动者在入职 18 个月后,每工作 1 年带薪年休假增加 1 个工作日,直到达到 20 个工作日为止。奥地利给予工龄 25 年以上的劳动者额外 5 天带薪年休假。希腊的劳动者在入职 2~3 年后,带薪年休假每年增加 1 天。加拿大各省的带薪年休假制度不同,但多数劳动者在入职 5~10 年后能够额外获得 1 周的休假时间。挪威额外给予 60 岁以上老年劳动者 1 周的带薪年休假。澳大利亚和奥地利给予轮班或夜班工作者特殊关照,最多能够增加 1 周的带薪年休假时间。

美国未对带薪年休假和节假日做出任何法律规定,可以作为反例看出弱势群体承受了最大损失 (Maye, 2019)。如表 4-2 所示,总体而言,有 77% 的美国劳动者能够享受到带薪年休假,平均休假时间为 10 天,但各阶层之间差别巨大。美国收入最高的 25% 劳动者有 90% 能够享受到带薪年休假,平均休假时间为 14 天,而收入最低的 25% 劳动者仅有 49% 能够享受到带薪年休假,平均休假时间为 4 天。美国 86% 的大中型企业 (100 名劳动者以上) 劳动者能够享受到带薪年休假,平均休假时间为 12 天,而只有 69% 的小型企业 (1~99 名劳动者) 劳动者能够享受到带薪年休假,平均休假时间为 8 天。可以看出,在法定带薪年休假制度缺失的背景下,美国精英阶层的带薪年休假与欧盟国家相比差距较小,但弱势阶层享受的年休假则差距较大,法定带薪年休假制度具有保障社会公平和谐的重要功能。

表4-2　　　　2012年美国劳动者享受带薪年休假和节假日情况

类别	实行带薪年休假企业比例（%）	实行带薪节假日企业比例（%）	享受带薪年休假天数	享受带薪节假日天数
所有劳动者	77	77	10	6
全职劳动者	91	90	12	7
兼职劳动者	35	40	3	2
最低收入的25%劳动者	49	50	4	3
最高收入的25%劳动者	90	91	14	8
小型企业劳动者	69	69	8	5
大中型企业劳动者	86	87	12	7

资料来源：Maye，Adewale. *No - Vacation Nation*，*Revised*［R］. Washington，DC：Center for Economic and Policy Research，2019.

（三）多项政策措施保障带薪休假制度顺利落实

为了保障带薪休假制度的顺利落实，发达国家出台了一系列的政策措施（Maye，2019）。为了保障带薪休假时间能够确实被用于休假目的，有9个欧洲国家出台规定保障劳动者能够在暑期休假。荷兰要求企业应允许劳动者在4月30日至10月1日的时段内一次性休完假期。很多国家对带薪休假的连续性作出了规定，例如瑞典和芬兰（连续4周）、挪威（连续18天）、丹麦（连续15天）、法国（连续12天）、新西兰（连续2周）、葡萄牙（连续10天）、希腊（连续2周）、奥地利（连续6天）。

为了保证劳动者有充足收入支付休假费用，奥地利、比利时、丹麦、希腊、瑞典等国家要求企业在劳动者休假期间提高工资（Maye，2019）。奥地利要求企业在劳动者带薪休假时发放第13个月工资，工资水平与正常工作时一致，并且政府给予税收减免。希腊要求企业每年发放14个月工资，其中1个月工资在圣诞节发放，半个月工资在休假时发放，半个月工资在复活节发放。比利时劳动者休假时工资水平上涨

7.7%。丹麦劳动者休假时能够额外获得年收入的1%。瑞典劳动者的带薪休假奖励为年收入的12%。加拿大的大部分劳动者在休假时每周能够额外获得年收入的2%（Maye，2019）。

为了保证劳动者能够切实享受到休假权利，多个国家出台了相应规定。葡萄牙、西班牙、瑞士、英国等有具体规定禁止企业以高额报酬的方式来换取劳动者取消休假。澳大利亚只允许每年4周以外的带薪年休假以高额报酬的方式置换。丹麦、瑞士和英国强制要求劳动者当年剩余的带薪休假必须在年底休完，爱尔兰则要求当年的剩余休假在第二年的上半年休完（Maye，2019）。

（四）统筹安排劳动者带薪假期体系

发达国家除了带薪年休假以外，很多国家还有丰富的法定带薪节假日，企业层面制定人性化的事假、病假、婚假和丧假政策，共同构成劳动者的带薪假期体系。

奥地利和葡萄牙共有13个法定节假日，西班牙有12个法定节假日，意大利、比利时、新西兰、爱尔兰的法定节假日也都在9个以上（Maye，2019）。在大部分发达国家，企业针对法定节假日都有一定的灵活性，可以用高额报酬换取劳动者取消节假日，也可在一定程度上调整节假日时间，有的企业甚至将员工的生日等列为带薪节假日，这实质上模糊了带薪年休假与节假日的界限，节假日构成了年休假的有益补充。例如，奥地利的法定带薪年休假和节假日加起来共有38个工作日（Maye，2019）。

许多发达国家保障劳动者的事假和病假权利。西班牙的劳动者参加陪审团服务、工会活动、搬家和结婚等都能够享受到带薪事假。法国法律保障劳动者以无薪或部分带薪的方式参加社区活动或个人培训的权利。瑞典法律保障劳动者带薪参加工会活动的权利。发达国家的企业一般有更为人性化的带薪事假和病假政策。如果劳动者不能顺利请到病假或事假，或者担心病假或事假严重影响个人收入，他们会首选挤占带薪休假来治病或处理重要个人事务。对于整个社会群体而言，疾病和个人紧急事务是无法避免的，人性化的事假和病假政策能够促进带薪休假制度的落实。

（五）和谐劳动关系是带薪休假制度的重要支撑

发达国家的法定带薪年休假和节假日制度构成了劳动者带薪假期的刚性底线，但实际的执行效果要比法律规定更好。以美国作为极端案例，法律并没有规定任何带薪年休假或节假日，只是规定劳动者如果每周工作时间超过 40 个小时，企业应该针对超出部分支付 1.5 倍工资。因此，美国企业拒绝给予劳动者带薪休假福利，并要求员工在圣诞节或元旦上班是完全合法的。但是，美国的劳动者事实上平均享受了 10 天的带薪年休假和 6 天的带薪节假日。英国、荷兰和日本等国家并没有法定节假日，但绝大多数企业仍然会在重要节假日主动放假（Maye，2019）。企业即使在法律没有强制要求的前提下，也需要以保障休假权利的方式来主动提高员工满意度、鼓励创新思维、改善企业形象。法律刚性约束与和谐劳动关系共同构成了发达国家带薪休假制度落实的基础。而在中国情况则恰好相反，法律规定了职工有至少 5 天的带薪年休假和 11 天节假日，但全面落实的企业却不足 50%（中国旅游研究院，2015），影响了职工的休息休假权利。

三、基本结论

世界级旅游度假区必须要依托世界级的度假旅游市场。在我国"以国内大循环为主体、国内国际双循环相互促进"的新发展格局下，国内度假旅游市场作为世界级旅游度假区的核心支撑显得尤为重要。虽然我国各级政府高度重视"落实带薪休假制度"，但现状来看带薪休假的落实率仍然不高。带薪休假时间总量不足，首先是削弱了人民群众的获得感和幸福感，其次也导致旅游度假区有效需求不足、季节波动显著，制约了世界级旅游度假区的发展壮大。

从发达国家经验来看，落实带薪休假制度是一项系统工程。我国建设世界级旅游度假区，需要扭转居民法定节假日集中出游的局面，形成以带薪弹性休假为重要方式的世界级度假旅游市场。未来要从出台带薪休假法规、细化休假实施政策、统筹安排带薪假期、构建和谐劳动关系等多个方面出台相应政策，才能够保障带薪休假制度落到实处，保证休假时间真正用于休息目的，为建设世界级旅游度假区构建需求支撑条件。

第五章

我国旅游度假产业供给特征

第一节 旅游度假产业战略背景

一、坚持扩大内需战略基点

2021 年《中华人民共和国国民经济和社会发展第十四个五年规划和 2035 年远景目标纲要》提出，坚持扩大内需这个战略基点，加快培育完整内需体系，把实施扩大内需战略同深化供给侧结构性改革有机结合起来，以创新驱动、高质量供给引领和创造新需求，加快构建以国内大循环为主体、国内国际双循环相互促进的新发展格局。

加快构建新发展格局，既对旅游业发展提出了更高的要求，也给旅游业发展带来新的机遇。首先，新发展格局要求依托强大的国内旅游市场，带动旅游要素和产业体系各环节，持续满足人民群众美好生活需要，将旅游业打造成国民经济增长的重要引擎。其次，新发展格局要求推进世界旅游目的地建设，形成全球旅游吸引力，推进国内旅游、入境旅游、出境旅游三大市场协调发展。

二、加快消费提质升级

2022 年，中共中央和国务院印发《扩大内需战略规划纲要（2022 – 2035 年）》，提出最终消费是经济增长的持久动力，未来要顺应消费升级趋势，全面促进消费，加快消费提质升级，着力满足个性化、多样化、高品质消费需求，包括持续提升传统消费、积极发展服务消费、加快培育新型消费、大力倡导绿色低碳消费等内容。

其中，扩大文化和旅游消费是消费提质升级的重要内容。《扩大内需战略规划纲要（2022 – 2035 年）》提出，要完善现代文化产业体系和文化市场体系，推进优质文化资源开发，推动中华优秀传统文化创造性转化、创新性发展。鼓励文化文物单位依托馆藏文化资源，开发各类文化创意产品，扩大优质文化产品和服务供给。大力发展度假休闲旅游。拓展多样化、个性化、定制化旅游产品和服务。加快培育海岛、邮轮、低空、沙漠等旅游业态。释放通用航空消费潜力。

三、积极应对人口老龄化

人口老龄化是今后较长一段时期我国的基本国情，对我国文化和旅游发展具有深远影响，挑战与机遇并存。2022 年我国 60 岁以上老年人为 2.80 亿，占总人口的 19.8%。其中，65 岁以上老年人为 2.10 亿，占总人口的 14.9%（国家统计局，2023）。据联合国《世界人口展望 2019》预测，2050 年中国 65 岁以上老年人将达到 3.66 亿，占总人口的 26.1%（United Nations，2019）。

旅游业应该将老龄化看作产业发展的重要机遇，可在此基础上构建新的竞争优势。旅游企业应认真研究老年旅游需求和家庭出游特征，提供更具针对性和包容性的旅游产品和营销策略；老年旅游者有更多的休闲时间，能够协助熨平旅游业长期存在的季节性波动；老年旅游者对文化、康养等领域的特殊关注，能够促进旅游业的产业融合发展；老年旅游者对无障碍设施、精细化服务的需求，事实上能让所有旅游者受益。因此，老龄化给旅游业带来的绝不仅是旅游产品的适老化改造，而是旅游业的全面高品质和多元化发展。

四、加快建设交通强国

（一）国内旅游出行需求持续增加优化

2021 年 2 月，中共中央、国务院印发《国家综合立体交通网规划纲要》，并对我国未来中长期的居民出行需求进行了预测。据预测，我国旅游出行需求将保持稳步增长的趋势，特别是高品质、多样化、个性化的出行需求不断增强，旅客出行结构进一步优化。2021 ~ 2035 年，我国旅客出行量（含小汽车出行量）年均增速为 3.2% 左右。其中，高铁、民航、小汽车的出行占比将不断提升，而公路客运占比将继续保持下降趋势。国际旅客出行以及城市群旅客出行需求将更加旺盛。从空间分布来看，东部地区仍将是我国出行需求最为集中的区域，中西部地区出行需求增速加快。

（二）全国一体旅游客源地和目的地加速形成

《国家综合立体交通网规划纲要》预测到 2035 年，我国将基本实现全国县级行政中心 15 分钟上国道、30 分钟上高速公路、60 分钟上铁路，市地级行政中心 45 分钟上高速铁路、60 分钟到机场。基本实现地级市之间当天可达。中心城区至综合客运枢纽半小时可达，中心城区综合客运枢纽之间公共交通转换时间不超过 1 小时。旅客出行全链条便捷程度显著提高，基本实现"全国123出行交通圈"，也就是都市区1小时通勤、城市群2小时通达、全国主要城市3小时覆盖，全国享受1小时内快速交通服务的人口占比将达到80%以上。

在我国综合立体交通网的建设过程中，旅游客源地的出游便捷度和旅游目的地的可进入性将进一步提升，众多传统受交通制约的客源市场和目的地将纳入全国性循环，全国一体的旅游客源地和旅游目的地市场将加速形成。

（三）国家综合立体交通网构建旅游客流骨架

《国家综合立体交通网规划纲要》预测到2035年，我国将以京津冀、长三角、粤港澳大湾区和成渝地区双城经济圈4个地区作为极，长江中游、山东半岛、海峡西岸、中原地区、哈长、辽中南、北部湾和关中平原8个地区作为组群，呼包鄂榆、黔中、滇中、山西中部、天山北坡、兰西、宁夏沿黄、拉萨和喀什9个地区作为组团。按照极、组群、组团之间交通联系强度，打造由主轴、走廊、通道组成的国家综合立体交通网主骨架。

国家综合立体交通网主骨架将把我国的主要都市圈、城市群和城市化地区紧密联系在一起，全国旅游客源地和目的地之间的旅游流将通过骨干网络快速流动，全国旅游业发展的区域差异将逐步弱化。

（四）多层次国家旅游交通枢纽快速崛起

到2035年，我国将建设综合交通枢纽集群、枢纽城市及枢纽港站"三位一体"的国家综合交通枢纽系统。建成面向世界的京津冀、长三角、粤港澳大湾区、成渝地区双城经济圈4大国际性综合交通枢纽集群，建成20个左右国际性综合交通枢纽城市以及80个左右全国性综合交通枢纽城市，建成一批国际性枢纽港站、全国性枢纽港站。

《"十四五"旅游业发展规划》指出，要建设一批旅游枢纽城市，逐步完善综合交通服务功能，提升对区域旅游的辐射带动作用。支持桂林等地建设世界级旅游城市，打造一批重点旅游城市、特色旅游地。《"十四五"文化发展规划》指出，要建设一批国际旅游枢纽城市和重点旅游城市，培育一批入境旅游品牌和国际旅游精品产品。

在国家综合交通枢纽逐步建成的同时，通过综合交通枢纽和旅游集散中心的统一规划、统一设计、统一建设、协同管理，我国旅游城市的交通通达度和旅游便捷性将快速提升，综合交通枢纽的旅游服务功能将快速完善。我国将诞生一批世界级旅游目的地、世界级旅游城市、国际性和全国性旅游交通枢纽。

五、推进以人为核心的新型城镇化

（一）推动城市群一体化发展

《中华人民共和国国民经济和社会发展第十四个五年规划和 2035 年远景目标纲要》指出，我国将以促进城市群发展为抓手，全面形成"两横三纵"城镇化战略格局。优化提升京津冀、长三角、珠三角、成渝、长江中游等城市群，发展壮大山东半岛、粤闽浙沿海、中原、关中平原、北部湾等城市群，培育发展哈长、辽中南、山西中部、黔中、滇中、呼包鄂榆、兰州－西宁、宁夏沿黄、天山北坡等城市群。

（二）优化提升超大特大城市中心城区功能

我国将统筹兼顾经济、生活、生态、安全等多元需要，转变超大特大城市开发建设方式，加强超大特大城市治理中的风险防控，促进高质量、可持续发展。有序疏解中心城区一般性制造业、区域性物流基地、专业市场等功能和设施，以及过度集中的医疗和高等教育等公共服务资源，合理降低开发强度和人口密度。增强全球资源配置、科技创新策源、高端产业引领功能，率先形成以现代服务业为主体、先进制造业为支撑的产业结构，提升综合能级与国际竞争力。坚持产城融合，完善郊区新城功能，实现多中心、组团式发展。

（三）推进新型城市建设

我国将顺应城市发展新理念新趋势，开展城市现代化试点示范，建设宜居、创新、智慧、绿色、人文、韧性城市。提升城市智慧化水平，推行城市楼宇、公共空间、地下管网等"一张图"数字化管理和城市运行一网统管。科学规划布局城市绿环绿廊绿楔绿道，推进生态修复和功能完善工程，优先发展城市公共交通，建设自行车道、步行道等慢行网络，发展智能建造，推广绿色建材、装配式建筑和钢结构住宅，建设低碳城市。保护和延续城市文脉，杜绝大拆大建，让城市留下记忆、让居民记住乡愁。加强无障碍环境建设。

六、积极应对气候变化

2020 年，我国作出了力争 2030 年前实现碳达峰、2060 年前实现碳中和的庄严承诺，体现了负责任大国的担当。未来 40 年，我国将深入推进生态优先、节约集约、绿色低碳发展。

（一）积极稳妥推进碳达峰碳中和

实现碳达峰碳中和是一场广泛而深刻的经济社会系统性变革。立足我国能源资源禀赋，坚持先立后破，有计划分步骤实施碳达峰行动。完善能源消耗总量和强度调控，重点控制化石能源消费，逐步转向碳排放总量和强度"双控"制度。实现碳达峰碳中和将推进文化、旅游、交通等领域的清洁低碳转型。

（二）　加快旅游方式绿色转型

绿色化、低碳化将成为旅游业实现高质量发展的关键环节，加快推动旅游业的产品结构、能源结构、出游方式等调整优化。通过实施全面节约战略，推进各类资源节约集约利用，加快构建废弃物循环利用体系。通过完善财税、金融、投资、价格政策和标准体系，大力发展绿色旅游产业，倡导绿色消费，推动形成绿色低碳的旅游方式和休闲方式。

第二节　旅游度假产业发展趋势

一、增强中华文明传播力影响力

"十四五"时期我国提出建成文化强国的目标，要求我们增强中华文明传播力影响力，形成同我国综合国力和国际地位相匹配的国际话语权。通过深化文明交流互鉴，推动中华文化更好走向世界。

（一）　增强中华文明传播力

旅游度假产业要坚守中华文化立场，提炼展示中华文明的精神标识和文化精髓，加快构建中国话语和中国叙事体系，讲好中国故事、传播好中国声音，展现可信、可爱、可敬的中国形象。通过加强国际传播能力建设，全面提升国际传播效能，形成同我国综合国力和国际地位相匹配的国际话语权。最终，深化文明交流互鉴，推动中华文化更好走向世界。

（二）加强对外文化交流和多层次文明对话

旅游度假产业要创新推进国际传播，利用网上网下，讲好中国故事，传播好中国声音，促进民心相通。开展"感知中国""走读中国""视听中国"活动，办好中国文化年（节）、旅游年（节）。建设中文传播平台，构建中国语言文化全球传播体系和国际中文教育标准体系。

（三）架设文明互学互鉴桥梁

旅游度假产业要深化公共卫生、数字经济、绿色发展、科技教育、文化艺术等领域人文合作，加强议会、政党、民间组织往来，密切妇女、青年、残疾人等群体交流，形成多元互动的人文交流格局。推进实施共建"一带一路"科技创新行动计划，建设数字丝绸之路、创新丝绸之路。加强应对气候变化、海洋合作、野生动物保护、荒漠化防治等交流合作，推动建设绿色丝绸之路。积极与共建"一带一路"国家开展医疗卫生和传染病防控合作，建设健康丝绸之路。

二、推进文化和旅游深度融合发展

"十四五"时期，我国继续坚持"以文塑旅、以旅彰文"的原则，积极寻找产业链条各环节的对接点，以文化提升旅游的内涵品质，以旅游促进文化的传播消费，实现文化产业和旅游产业双向融合、相互促进，打造独具魅力的中华文化旅游体验。通过推动旅游演艺、文化遗产旅游、研学旅游、主题公园、主题酒店、特色民宿等文化和旅游融合重点业态提质升级，不断培育融合新业态（文化和旅游部，2021）。

（1）推进旅游演艺转型升级、提质增效，鼓励各地因地制宜发展中小型、主题性、特色类、定制类旅游演艺产品，鼓励合理规划建设旅游演艺集聚区。

（2）加强对文化遗产资源价值的挖掘，鼓励依托文物、非物质文化遗产资源大力发展文化遗产旅游、研学旅游，开发集文化体验、科技创新、知识普及、娱乐休闲、亲子互动于一体的新型研学旅游产品。

（3）规范发展富有中国文化特色、体现中国文化元素、科技含量高的主题公园。

（4）推进数字经济格局下的文化和旅游融合，加强数字文化企业与互联网旅游企业对接合作，促进数字内容向旅游领域延伸，强化文化对旅游的内容支撑和创意提升作用。

（5）积极利用数字展示、虚拟现实、增强现实、全息投影等技术，加大数字化、沉浸式、互动性等文化和旅游项目设计开发。

三、构建旅游空间新格局

（一）构建旅游空间新格局

"十四五"时期，我国综合考虑文脉、地脉、水脉、交通干线和国家重大发展战略，统筹生态安全和旅游业发展，以长城、大运河、长征、黄河、长江国家文化公园和丝绸之路旅游带、沿海黄金旅游带、京哈—京港澳高铁沿线、太行山—武陵山、万里茶道等为依托，构建"点状辐射、带状串联、网状协同"的全国旅游空间新格局（国务院，2021b）。

（二）跨行政区域旅游资源整合利用

"十四五"时期，我国健全京津冀协同发展、长江经济带发展、粤港澳大湾区建设、长三角一体化发展、黄河流域生态保护和高质量发展等区域重大战略旅游协调机制，推进跨行政区域旅游资源整合利用。加强区域旅游品牌和服务整合，支持京张体育文化旅游带、黄河文化旅游带、巴蜀文化旅游走廊、杭黄自然生态和文化旅游廊道、太行山区等旅游发展。

（三）推出跨区域精品旅游线路

"十四五"时期，我国持续推进跨区域特色旅游功能区建设。继续推出一批国家旅游风景道和自驾游精品线路，打造一批世界级、国家级旅游线路。鼓励各地区因地制宜实现差异化发展。

四、创新文化资源保护利用模式

（一）推进国家文化公园建设

我国整合具有突出意义、重要影响、重大主题的文物和文化资源，加快建设长城、大运河、长征、黄河、长江等国家文化公园，生动呈现中华文化的独特创造、价值理念和鲜明特色，树立和突出各民族共享的中华文化符号和中华民族形象，探索新时代文物和文化资源保护传承利用新路径，把国家文化公园建设成为传承中华文明的历史文化走廊、中华民族共同精神家园、提升人民生活品质的文化和旅游体验空间。

（二）创新文物保护利用模式

我国推进世界文化遗产申报、保护管理和展示宣传。推进文物合理利用，建设国家考古遗址公园、文物保护利用示范区、文化遗产廊道，推介以文物资源为载体的国家文化地标和中华文明标识体系。实施中华文物全媒体传播计划。

（三）创新非遗资源保护传承模式

强化非遗整体性系统性保护。我国建设国家级文化生态保护区、非遗特色村镇和街区。

强化非遗融入生产生活。我国创新开展主题传播活动，推进非遗进校园、进社区、进网络。

非遗与旅游融合发展。我国妥善处理非遗保护与旅游开发之间的关系，在有效保护的前提下，推动非遗与旅游融合发展。支持利用非遗馆、传承体验中心、非遗工坊等场所，培育一批非遗旅游体验基地。推出一批具有鲜明非遗特色的主题旅游线路、研学旅游产品和演艺作品。支持非遗有机融入景区、度假区、旅游休闲街区、特色小镇，鼓励非遗特色景区发展。

五、丰富优质旅游产品供给

（一）建设世界级旅游景区和度假区

我国建设一批富有文化底蕴的世界级旅游景区和度假区。以世界遗产地、国家5A级旅游景区为基础，深入挖掘展示旅游资源承载的中华文化精神内涵，创新发展模式，完善标准指引，统筹资源利用，强化政策支持，保障要素配置，稳步推进建设，打造具有独特性、代表性和国际影响力的世界级旅游景区。以国家级旅游度假区及重大度假项目为基础，充分结合文化遗产、主题娱乐、精品演艺、商务会展、城市休闲、体育运动、生态旅游、乡村旅游、医养康养等打造核心度假产品和精品演艺项目，发展特色文创产品和旅游商品，丰富夜间文化旅游产品，烘托整体文化景观和浓郁度假氛围，培育世界级旅游度假区。

（二）打造国家级旅游休闲城市和街区

我国以满足本地居民休闲生活与外地游客旅游度假需要为基础，培育文化特色鲜明、旅游休闲消费旺盛、生态环境优美的国家级旅游休闲城市。

我国充分利用城市历史文化街区、公共文化设施、特色商业与餐饮美食等资源，加强文物和非物质文化遗产保护利用，突出地方文化特色，优化交通与公共服务设施配置，完善公共文化设施的旅游服务功能，鼓励延长各类具有休闲功能的公共设施开放时间，建设国家级旅游休闲街区。

（三）促进文化和旅游消费

我国建设国家文化和旅游消费示范城市。通过深化完善政策措施，推动供需两端协同发力，建设 30 个左右示范城市并加强指导支持和动态管理，带动文化和旅游消费持续增长。

我国建设国家级夜间文化和旅游消费集聚区。通过大力发展夜间经济，分批次遴选 200 个以上符合发展方向、文化内涵丰富、地域特色突出、具有典型示范和引领带动作用的国家级夜间文化和旅游消费集聚区。

六、加速智慧文旅发展

（一）加快新技术在旅游领域普及

我国推动大数据、云计算、物联网、区块链及 5G、北斗系统、虚拟现实、增强现实等新技术将在旅游领域应用普及，以科技创新提升旅游业发展水平。旅游业将大力提升旅游服务相关技术，增强旅游产品的体验性和互动性，提高旅游服务的便利度和安全性。开发面向游客的具备智能推荐、智能决策、智能支付等综合功能的旅游平台和系统工具。推进全息展示、可穿戴设备、服务机器人、智能终端、无人机等技术的综合集成应用。推动智能旅游公共服务、旅游市场治理"智慧大脑"、交互式沉浸式旅游演艺等技术研发与应用示范。

（二）加快旅游企业智慧化改造

我国打造一批智慧旅游城市、旅游景区、度假区、旅游街区，培育一批智慧旅游创新企业和重点项目，开发数字化体验产品，发展沉浸式互动体验、虚拟展示、智慧导览等新型旅游服务，推进以"互联网＋"为代表的旅游场景化建设。提升旅游景区、度假区等各类旅游重点区域5G网络覆盖水平。推动停车场、旅游集散中心、旅游咨询中心、游客服务中心、旅游专用道路、旅游厕所及旅游景区、度假区内部引导标识系统等数字化、智能化改造升级。通过互联网有效整合线上线下资源，促进旅行社等旅游企业转型升级，鼓励旅游景区、度假区、旅游饭店、主题公园、民宿等与互联网服务平台合作建设网上旗舰店。鼓励依法依规利用大数据等手段，提高旅游营销传播的针对性和有效性。

（三）加快旅游景区智慧化转型

我国科学推进预约、限量、错峰旅游，促进旅游景区实现在线、多渠道、分时段预约，提高管理效能。通过建设旅游景区监测设施和大数据平台，健全智能调度应用，促进旅游景区资源高峰期合理化配置，实现精确预警和科学导流。普及旅游景区电子地图、线路推荐、语音导览等智慧化服务，提高游览便捷性。支持各地区因地制宜建设特色化智慧旅游景区，运用数字技术充分展示特色文化内涵。推动国家4A级以上旅游景区基本实现智慧化转型升级。

（四）创新智慧旅游公共服务模式

我国有效整合旅游、交通、气象、测绘等信息，综合应用第五代移动通信（5G）、大数据、云计算等技术，及时发布气象预警、道路通行、游客接待量等实时信息，加强旅游预约平台建设，推进分时段预约游览、流量监测监控、科学引导分流等服务。建设旅游监测设施和大数据平台,推进"互联网＋监管",建立大数据精准监管机制。

七、优化提升旅游服务质量

(一)建立以游客为中心的旅游服务质量评价

"十四五"时期,我国大力实施旅游服务质量评价体系建设工程,建立以游客为中心的旅游服务质量评价体系,形成科学有效的服务监测机制。通过开发旅游服务质量评价系统、制定完善评价模型和指标、推广和拓展评价体系应用场景,最终建立系统完备、科学规范、运行有效、覆盖服务全流程的旅游服务质量评价体系。

(二)建设无障碍旅游环境

我国实施旅游设施和旅游服务的无障碍改造,大力建设无障碍旅游环境。在旅游设施、旅游服务中增加文化元素和内涵,体现人文关怀。充分考虑特殊群体需求,健全无障碍旅游服务标准规范,加强老年人、残疾人等便利化旅游设施建设和改造,深入贯彻实施《中华人民共和国无障碍环境建设法》。旅游景区等场所开展预约服务的同时,应保留人工窗口和电话专线,为老年人保留一定数量的线下免预约进入或购票名额,提供必要的信息引导、人工服务。

第六章

世界级旅游度假区主要目标

本章将总结世界级旅游度假区的共性特征，并提出世界级旅游度假区的概念和发展路径。

第一节　世界级旅游度假区概念界定

在美国学者加法里（Jafari，2000）主编的《旅游百科全书》（Encyclopedia of Tourism）中，旅游度假区（resort）至少包括三大特征：包含一系列旅游吸引物和旅游服务的小型地理空间，旺季人口以旅居者或旅游者为主，旅游者为地方经济作出重要贡献。

根据我国的《旅游度假区等级划分》（GB/T 26358－2022），旅游度假区是"以提供住宿、餐饮、购物、康养、休闲、娱乐等度假旅游服务为主要功能，有明确空间边界和独立管理运营机构的集聚区"（国家市场监督管理总局，2022）。

本书的旅游度假区是指包含一系列旅游吸引物和旅游服务设施的空间区域，能够吸引游客过夜、度假和长居，满足旅游者的主题娱乐、文化体验、生态休闲、运动健身、健康疗养、异地旅居等旅游需求。

世界级旅游度假区，是指具有世界级的核心度假产品集群和旅游服务体系，能够吸引国内外游客前来旅游、度假和旅居，能够满足游客的文化体验、主题娱乐、运动健身、休闲游憩、研学教育、医养康养等旅游度假需求，内部具有紧密产业联系并共享旅游市场的空间区域。

第二节　世界级旅游度假区发展目标

在世界级旅游度假区的理论研究和概念界定基础上，本书认为世界级旅游度假区应具有世界一流旅游吸引力、世界一流旅游产业规模、世界一流游客满意度和世界一流旅游知名度，这四大方面共同构成世界级旅游度假区的发展目标，见图6－1。

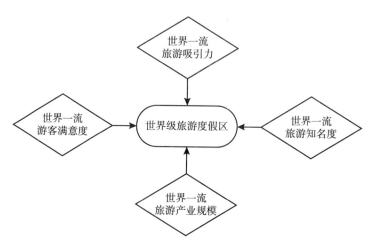

图6－1　世界级旅游度假区发展目标

资料来源：作者整理得出。

一、世界一流旅游吸引力

我国建设世界级旅游度假区，要贯彻旅游业高质量发展理念，防止低水平重复建设。在建设世界级旅游度假区的过程中，首先要重视质的显著提升。

世界级旅游度假区要有世界一流的旅游服务体系，在文旅融合发展、核心度假产品群建设、旅游度假目的地建设、基础设施和公共服务、社会治理格局、可持续发展、人才智库建设、营商环境建设、国际交流合作、体制机制保障等方面达到世界水准。

二、世界一流旅游产业规模

我国建设世界级旅游度假区，还要重视量的适度扩张。世界级旅游度假区应具备较大的旅游产业规模，具有较强的旅游接待能力，具有较多的旅游接待人数和旅游收入，才能够通过核心度假产品群、旅游度假目的地的建设，在全球范围内产生较强的旅游吸引力，并带来较多的社会效益和经济效益。

三、世界一流游客满意度

我国建设世界级旅游度假区，要坚持以人民为中心，顺应旅游消费升级趋势，以人民满意为重要标准，实现人民对美好生活的向往。

世界级旅游度假区要有世界一流的旅游管理服务水平，提供世界一流的旅游质量感、旅游价值感和旅游忠诚度，让来自全球的旅游者获得世界一流的游客满意度。

四、世界一流旅游知名度

我国有全世界最大的国内旅游和出境旅游市场,特别是在"以国内大循环为主体、国内国际双循环相互促进"的新发展格局下,国内旅游者必然占据旅游度假区客源的较大比例。因此,我国与摩纳哥、马尔代夫、新加坡等国土面积较小、总人口较少的旅游目的地国有显著区别,不能简单采用入境旅游者比例来评判世界级旅游度假区。

我国建设富有文化底蕴的世界级旅游度假区,最终目标是提升国家文化软实力。因此,首先要强调世界级旅游度假区在全球的知名度、美誉度和传播力。通过文化和旅游融合发展,让世界级旅游度假区成为对外文化交流的重要载体。

第三节　世界级旅游度假区共性特征

在旅游度假区的发展历史研究和理论研究基础上,充分考虑了我国城乡居民休闲度假行为特征和发展趋势,借鉴了国外知名旅游度假区的成功经验,总结出了五条世界级旅游度假区的共性特征。

一、文化和旅游深度融合发展

旅游度假区在发展过程中度假产品体系不断配套化、舒适化、标准化,基础设施和公共服务体系也不断健全。但是,这些由跨国旅游企业投资的度假项目往往只能体现全球流行时尚文化,而不能深入挖掘本土文化内涵。最终,各地旅游度假区雷同较强,难以吸引远程旅游者。

世界级旅游度假区处于激烈的全球度假目的地竞争之中,只有深入挖掘历史文化内涵，并开发形成文化度假产品，营造浓郁文化氛围，才能在全球度假目的地竞争中脱颖而出，吸引远程旅游者来度假。

二、区域旅游目的地融合发展

绝大多数世界级旅游度假区不像封闭式景区一样有物理空间边界，很多世界级旅游度假区包含了旅游城市、旅游小镇、旅游村落等等行政区，以及国家公园、世界文化遗产等旅游景区。

世界级旅游度假区的发展趋势是与目的地融合发展。只有从大区域的视角统一规划、共同发展，才能够增强旅游度假区的可进入性、吸引力和接待能力，进一步完善旅游度假设施和产品体系，增强旅游度假区的可持续发展能力，使旅游度假区发展带来的经济、社会和生态效益最大化，最终建成世界级旅游度假区。

三、建设综合型旅游度假区

传统旅游度假区在原有单个核心度假产品的基础上，核心度假产品体系不断多元化并逐渐形成核心度假产品群，进而与目的地紧密融合在一起，最终形成度假产品体系健全、旅游吸引力强、自我包容性强、满足多元市场需求、抵御市场波动能力强、旅游产业深度融合的世界级旅游度假区。

世界级旅游度假区的发展呈现出"核心度假产品"→"核心度假产品＋辅助度假产品"→"目的地＋核心度假产品群"的发展规律。因此，包含酒店、餐馆、会议中心、主题公园、购物中心等多种度假产品，并且与目的地深度融合发展，是世界级旅游度假区的发展趋势。

四、融合多元化旅游客源市场

世界级旅游度假区同时服务于本地、区域、国内和国际旅游市场，也同时面向不同消费层次的旅游人群。世界级旅游度假区实际上是在服务全球旅游市场。

不同客源市场具有不同的出游规律和消费特征。正是由于多元化旅游市场的叠加，在较大程度上熨平了旅游流的季节性波动、增强了旅游度假区抗御风险的能力。同时为多元化旅游市场提供多元化产品，也有利于综合型旅游度假区的建设和发展。

五、提供高品质的旅游服务

世界级旅游度假区除了具有成体系的核心度假产品群，具有健全的旅游目的地，还应具有较高的游客满意度。世界级旅游度假区需要建立以人为本的服务理念，各项服务品质能够达到国际水准，游客能够感受到温馨和善的好客氛围，弱势群体能够安全进入旅游度假。

世界级旅游度假区同时面向本地、区域、国内和入境等多个旅游市场，同时服务于本地居民、旅游者和旅居者等多个旅游群体，同时具有度假酒店和产权居所等多类旅游住宿设施。因此，世界级旅游度假区与以酒店为主要住宿设施的旅游景区不同，它具有复杂旅游度假社区的特征，需要建立本地居民、旅游者和旅居者的利益协调机制，创新旅游度假社区的共建共管共享模式，满足本地居民休闲需求、旅居者生活需求和旅游者度假需求，才能整体提升游客满意度。

第四节　世界级旅游度假区发展要点

综合上述世界级旅游度假区的共性特征，可以总结出世界级旅游度假区的发展要点，进而明确我们在建设世界级旅游度假区过程中的工作重点。

一、依托文旅深度融合打造旅游吸引力

通过充分挖掘本土文化和民俗风情，并开发形成富有文化底蕴的旅游要素、旅游产品，能够在旅游度假区形成浓郁本土文化氛围，进而在全球旅游目的地激烈竞争中形成核心竞争力。

二、依托核心产品融合形成综合型旅游度假区

通过打造核心度假产品群并建设综合型旅游度假区，能够健全度假产品体系、增强度假区自我包容性，进而提升旅游吸引力，满足多元市场需求，扩大旅游产业规模，增强可持续发展能力。

三、依托旅游和旅居融合形成旅游度假社区

通过建设分时度假、公寓式酒店、目的地俱乐部、第二居所等旅居设施，实现度假酒店和旅居设施融合发展，能够体现旅游度假的短期生活特征，满足旅居者的异地生活需求，形成可持续的投资发展模式。

四、依托区域协同形成旅游度假目的地

通过旅游度假区与目的地统一规划、融合发展，能够增强旅游度假区的可进入性、吸引力和接待能力，完善度假设施和产品体系，最终增强旅游度假区的可持续发展能力和综合社会效益。

五、依托市场整合形成全年旅游大市场

通过满足本地、区域、国内和入境旅游者的多元化旅游需求，构建

近程和远程重合的旅游市场，能够有效扩大市场规模、熨平季节性波动，构建全年候旅游大市场。

六、依托社区共建共享共管提升游客满意度

通过建立本地居民、旅游者和旅居者的利益协调机制，创新旅游度假社区的共建共管共享模式，满足本地居民休闲需求、旅居者生活需求和旅游者度假需求，能够整体提升游客满意度。

七、依托发展支持体系整合形成优越营商环境

通过构建包括要素供给、基础设施、公共服务、社区支持、市场营销、旅游安全、优惠政策等发展支持条件的营商环境，能够激发优质旅游企业的发展创新活力，为世界级旅游度假区建设打造核心动力。

第七章

世界级旅游度假区重点任务

我国的旅游度假区建设工作以《旅游度假区等级划分》（GB/T 26358-2022）为规范和引领，以《国家级旅游度假区管理办法》为政策保障，截至2023年12月已评定63家国家级旅游度假区。这些国家级旅游度假区具备成为世界级旅游度假区的潜力，是我们创建世界级旅游度假区的重点，但与圣托里尼、拉斯维加斯、黄金海岸等国外知名旅游度假区相比，还普遍存在以下不足之处：（1）尚未形成深厚的文化底蕴，并依托文化内涵形成世界级的旅游知名度和吸引力；（2）过分依赖温泉、湖泊、海滨等单体核心度假产品，需要进一步丰富核心度假产品体系，建设核心度假产品群，并与周边区域融合发展，最终建成旅游度假目的地；（3）大部分旅游度假区尚未建立以游客为中心的游客满意度调查和评价机制，在通过精细化服务提升旅游服务品质方面距离国际水准还有较大差距；（4）针对旅游度假区建设以标准化评定为主，尚未建立起以提升旅游营商环境为依托的动态发展支持体系。

因此，我国在建设世界级旅游度假区的过程中，要以现有63家国家级旅游度假区为基础，紧扣世界一流旅游吸引力、世界一流旅游产业规模、世界一流游客满意度、世界一流旅游知名度等四大目标，通过文化和旅游深度融合形成核心吸引力、区域协同发展形成旅游度假目的地、核心产品融合形成综合型旅游度假区、社区共建共享共管提升游客满意度、发展支持体系整合形成优越营商环境等抓手，积极创建世界级旅游度假区。

以世界级旅游度假区的四大特征为发展目标，结合"十四五"时期我国文化和旅游发展的总体战略思路，提出我国建设世界级旅游度假区的四大重点工程，包括建设世界一流旅游产品集群、打造世界一流旅游产业经济、完善世界一流旅游设施和服务、推进世界一流旅游营销和文化交流。

从建设时序来看，世界级旅游度假区建设应该分为四个阶段：第一阶段，建成世界一流的旅游产品集群，形成全球性旅游吸引力；第二阶段，整合旅游服务体系形成世界一流的旅游产业经济；第三阶段，在旅游服务体系和旅游产业经济的基础上，形成世界一流的游客满意度；第四阶段，面向全世界旅游营销和文化交流，形成世界一流的旅游知名度。

从建设内容来看，世界级旅游度假区建设包括以下四大工程：世界一流旅游产品集群建设工程、世界一流旅游产业经济建设工程、世界一流旅游设施和服务工程、世界一流旅游营销和文化交流工程。

第一节　世界一流旅游产品集群建设工程

一、推进文旅融合发展

（一）开展文化和旅游资源普查

将旅游度假区的旅游景区、世界遗产和文保单位、历史建筑和工业遗产、历史文化街区和特色地区、名镇名村和传统村落、风景名胜区、历史河湖水系和水文化遗产、山水格局和城址遗存、古树名木、非物质文化遗产等文化和资源分类整理建档，编制资源保护开发名录和大数据库。

（二）抓好文化资源的活化利用

加大文物保护力度，把凝结着中华民族传统文化精髓的历史文物保护好、利用好，把文物背后的历史价值和时代意义发掘好、阐释好。系统梳理和活化利用旅游度假区的历史文化资源，让收藏在博物馆里的文物、陈列在广阔大地上的遗产、书写在古籍里的文字都活起来，展现旅游度假区的历史风貌和文化魅力。

（三）打造整体文化景观

深入挖掘旅游度假区的文化内涵，坚持多元包容，鼓励发展群众喜闻乐见的文化生活新形态。制定公共艺术百分比政策，提升旅游度假区建筑和环境的艺术品质。增强街区文化休闲功能，加强地理要素与文化内涵的关联表达。以线性文化景观和历史文化街区为重点，完善绿地体系，丰富文化功能，打造历史文化探访路线，串联文化魅力场所和精华地区。历史建筑设置导览二维码系统，建设一批"建筑可阅读"的微旅行街区，鼓励时尚文化活动开展和艺术街区建设，引导礼仪、饮食、休闲等各类文化健康发展。延展交通枢纽、商圈、景区、街区等文化功能，打造多元复合文化空间，建设综合型文化商业聚集区。

（四）发展文化旅游演艺

挖掘优秀传统文化，加大文化演艺精品创作力度，推出沉浸式、互动式等演艺业态，丰富驻场演出、实景演出、主题公园演出等不同形态的高品质演艺产品。做优做强演艺运营，鼓励国际国内知名院团和艺术家将优秀演艺作品的首演放在旅游度假区。建设国际水准的演艺空间，鼓励商业综合体、文化街区、旅游景区、度假酒店、主题公园等引进演艺项目，打造文化演艺与旅游度假深度融合的综合消费场所，推动业态模式创新。

（五）推动非遗活态传承

完善旅游度假区的多层次非遗名录体系，规范项目认定和管理制度，强化保护传承效果评估。进一步发掘、整理、保护与传承传统地名、戏曲、音乐、书画、服饰、技艺、医药、饮食、庙会等各类非物质文化遗产，开展文化典籍、民俗、口述史的整理、出版、阐释工作，发现保护一批新的非遗项目，推动非遗资源数据库建设。坚持政府主导、社会参与，促进非遗与旅游度假产业融合发展，利用非遗资源开发旅游度假产品，推动非遗活态传承、融入生产生活。

（六）提供高质量公共文化服务

以满足人民群众文化需求为导向，提升公共文化服务效能。根据旅游度假区客流情况和需求变化，建立公共文化服务动态调整机制，实现文旅联动发展。扩大博物馆、纪念馆、美术馆、科技馆等公共文化设施免费开放范围，推行夜间开放，为群众免费提供高质量公共文化服务。构建以公共图书馆、综合书城、特色书店、社区书店等为支撑的十五分钟现代公共阅读服务体系，营造旅游度假区的阅读氛围。充分用好各级各类公共体育设施，发挥其在公共文化服务领域的作用，实现"文旅体融合"。

（七）发展夜间文化旅游经济

发展文化旅游夜间经济，鼓励旅游度假区有条件的博物馆、图书馆、美术馆延长开放时间。推动旅游景区夜间开放。鼓励旅游度假区推出夜间娱乐精品节目和驻场演出，积极组织夜间游览活动。丰富春节、元宵、清明、端午、七夕、中秋、重阳等传统节日文化内涵和旅游产品。

二、推进度假产品多元化

（一）打造核心度假产品集群

围绕世界级旅游度假区建设，推动旅游与自然生态、文化娱乐、体育运动、医养康养、商务会展等深度融合。不断优化发展环境，大力推进旅游消费领域对外开放，积极培育旅游新业态、新模式、新热点，打造核心度假产品集群。推动旅游度假消费提质升级，探索富有文化底蕴的世界级旅游度假区建设新路径，打造业态丰富、精品集聚、文化鲜明、环境舒适的世界旅游度假胜地。

（二）大力发展休闲购物产品

依托世界级旅游度假区建设，建设国际旅游消费中心。引进知名品牌首店、旗舰店和体验店等业态，打造旅游购物综合体，设计具有文化特色的购物旅游街区、线路，培育商品体验、特色商业等购物项目，促进旅游度假与休闲购物融合发展。

培育文创商品研发、生产、销售龙头企业，形成一批国内外知名的食品、美妆、服装、珠宝、手工业等旅游商品品牌。实施更加开放便利的免税购物政策，实现世界级旅游度假区全覆盖，提高免税购物限额。加大离境退税政策宣传力度，扩大离境购物退税商店数量，推行现场退税方式，提高离境退税各环节办理速度和便利程度。研究在世界级旅游度假区实施免税购物政策。

挖掘本土特色文化餐饮资源，营造餐饮文化体验场景，多元化培育旅游度假餐饮品牌，扶持一批餐饮名店和美食街区，打造国际美食集聚区。

（三）大力发展健康旅游产品

促进旅游度假与医疗健康融合发展。加快健康旅游服务企业发展，打造集高端医疗、运动康复、休闲养生为一体的健康旅游产品。遴选和发展一批现代化健康旅游示范基地。

积极推进中医药、现代医疗康复技术和旅游度假区的气候资源、环境资源融合发展，打造中医药健康旅游品牌。推进中医药和旅游度假深度融合，建设度假养生、食疗养生等多种服务体系，促进中医养生保健服务业态创新，鼓励举办面向入境旅游者的社会办中医医疗机构，打造中医健康旅游国际品牌。

依托三甲医院等优质医疗资源，大力发展国际医疗旅游和高端医疗服务。鼓励医疗新技术、新装备、新药品的研发应用，促进医疗美容、口腔正畸、体检、辅助生殖等非基本医疗服务市场发展，制定支持入境旅游者到世界级旅游度假区诊疗的便利化政策。

（四）大力发展体育运动产品

促进旅游度假与体育运动融合发展。以体育设施为载体，推动体育运动与旅游度假设施、文化娱乐设施的综合开发，打造兼具运动休闲、文化娱乐、健康锻炼的运动度假产品。促进体育、旅游、度假、康养融合发展，培育健身休闲项目，大力培育健身跑、健步走、自行车、水上运动、登山攀岩、射击射箭、马术、航模、极限运动等群众喜闻乐见的休闲体育项目。依托国际性品牌赛事活动，开发赛事旅游产品，发展赛事旅游产业，培育赛事旅游机构，打造具有国际影响力的赛事旅游目的地。鼓励在旅游度假区建设国家体育训练基地和各级体育中心，支持打造国家体育旅游示范区。

（五）大力发展海洋旅游产品

促进旅游度假与邮轮旅游融合发展。支持邮轮企业根据市场需求拓展邮轮航线，不断丰富我国邮轮港口始发的邮轮航线产品。加快邮轮旅游产品创新，探索打造无目的地邮轮航线，推动邮轮沿海"多点挂靠"常态化，开发邮轮沿海游航线。优化邮轮港口周边旅游度假设施和景观环境，增强旅游度假区对邮轮旅游者的吸引力，将旅游度假区纳入国际旅游"一程多站"航线，推动"邮轮＋始发游""邮轮＋访问游""邮轮＋目的地游"等产品发展。研究简化邮轮旅客出入境手续，研究在具有邮轮港口的世界级旅游度假区实施外国旅游团乘坐邮轮15天入境免签政策。延长邮轮旅游产业链，提升为邮轮企业提供船供物资的便利化程度，加快培育邮轮经济发展。

促进旅游度假与游艇旅游融合发展。简化游艇入境手续，放宽游艇旅游管制。加快完善游艇旅游软硬件设施，开发高端旅游项目，探索在世界级旅游度假区建设国际游艇旅游自由港。

促进旅游度假与海洋旅游融合发展。加快"海洋—海岛—海岸"旅游立体开发，完善滨海旅游基础设施与公共服务体系。探索以旅游度假为主体功能的无居民海岛整岛开发方式，探索开通旅游度假区与邻近岛屿的旅游航线。

（六）大力发展商务会展产品

促进旅游度假与商务会展融合发展。支持旅游度假区举办国际商品博览会、国际电影节、国际海洋产业博览会等大型国际展览会、节庆活动，以及文化旅游、国际品牌等适合旅游度假区产业特点的展会。将旅游度假区培育成旅游促进会展交易、会展活跃旅游市场的融合型平台。依托高标准会展设施，充分利用旅游度假区的住宿、餐饮、交通等旅游服务设施，形成展览、会议、旅游、度假并重的会展功能区。积极培育会展旅游产业集群，形成行业配套、产业联动、运行高效的会展服务体系。

三、建设旅游度假目的地

（一）对接全域旅游发展

推动世界级旅游度假区协同周边区域创建国家全域旅游示范区、打造世界旅游目的地，构建具有旅游度假区特点的全域旅游创建工作体系。实现旅游度假区和周边区域的旅游发展规划、旅游吸引物体系、旅游基础设施和公共服务、旅游服务要素和新业态、旅游资源和生态环境保护等一体化发展。

（二）拓展城市休闲空间

以创建国家全域旅游示范区为基础，推动旅游度假区周边城市、各街镇开展全域旅游创建工作，形成"一街镇一特色一美景"的创建格局。不断美化城市景观体系，探索建设景观街区、景观廊道、景观水岸，提升景观空间的旅游休闲观光功能。打破地域和行政分割，优化城市空间布局，建设一批开放式旅游景区，实现景区内外协同发展，打造"处处是景、时时宜游"的城景一体化发展格局。

（三）拓展郊野游憩空间

拓展旅游度假区周边的郊野游憩空间，营造优质的郊野游憩环境。大力提升郊野公园的发展质量，立足于本地居民和旅游者的旅游度假需求，完善旅游服务和导览系统，增强旅游休闲功能。深入挖掘整合各类文化和旅游资源，打造一批涵盖文化艺术、民俗工艺、亲子娱乐、餐饮美食、生态风光、海洋海岛等内容的郊野游憩项目。

（四）拓展乡村旅游空间

拓展旅游度假区周边的乡村旅游空间，结合乡村振兴战略，推动乡村旅游提质升级，在旅游度假区周边形成一批有质量、有特色的乡村旅游产品，促进旅游创业富民，助力美丽乡村建设。大力推进观光农业、休闲农场和美丽乡村休闲带建设，完善休闲农业和乡村旅游配套设施，推动农业功能向休闲、观光、度假拓展。依托优秀文化历史名镇名村以及特色乡村旅游示范点等，建设一批特色景观旅游名镇名村。

（五）拓展生态旅游空间

拓展旅游度假区周边的生态旅游空间，形成自然生态优美、文化底蕴深厚、旅游资源充分利用的生态休闲开敞空间。积极推进生态绿道建设，推广自行车和徒步等绿色旅游活动，增强生态空间的可进入性。结合国家公园为主体的自然保护地体系建设，保护利用山水林田湖草等生态资源，合理开发生态旅游产品，提升旅游度假区的生态环境。

第二节　世界一流旅游产业经济建设工程

一、强化人才智库支持

（一）强化人才支持

加强旅游人才队伍建设对世界级旅游度假区的支持。加大人才引进力度，加强旅游领军人才、旅游创意人才、旅游经营管理人才、旅游服务人才等队伍建设。整合教育资源，打造旅游人才高地。深化国际合作，提升国际人才服务旅游发展的水平。鼓励和支持培养和引进小语种旅游人才培养。

（二）建设高端智库

建设世界级旅游度假区发展高端智库。依托权威的科研机构、社会组织和国际组织，建设具有国际影响力和话语权的世界级旅游度假区高端智库。以生态旅游、休闲购物、体育运动、康养旅居、商务会展、邮轮游艇、主题公园、夜间经济等主题为重点，积极加强与国际旅游组织和机构的合作，提升我国在全球旅游度假市场的影响力和话语权。

（三）加强科学研究

建设我国旅游度假区大数据平台，发布旅游度假区发展报告和指数。围绕旅游度假区对国民经济和社会发展的综合贡献，建立更科学的统计监测制度。综合运用第三方评估、社会监督评价等方式，科学研究旅游度假区发展演变、客源市场结构、旅游者行为规律、旅游发展质量和效益，建立游客满意度调查和评价机制，为旅游度假区的高质量发展提供理论和数据支撑。

（四）提高外国人才工作便利度

为在世界级旅游度假区工作和创业的外国人才提供出入境、居留和永久居留便利，建立外国人在世界级旅游度假区内的工作许可制度和人才签证制度，探索与国际接轨的全球人才招聘制度和吸引外国高技术人才的管理制度，开通外国高端人才的住房、子女入学、就医、社保等服务通道。

二、打造一流营商环境

（一）优化公平便利的营商环境

借鉴国际经验，开展营商环境评价，在开办企业、办理施工许可证、获得电力、登记财产、获得信贷、保护少数投资者、纳税、跨境贸易、执行合同和办理破产等方面加大改革力度。深化"放管服"改革，持续推进"证照分离"和"多证合一"改革，实现在旅行社、导游管理和服务领域，减环节、减证明、减时间、减跑动次数，有效降低企业制度性交易成本。深入推进"互联网＋政务服务"，推行"一网通办"，实现旅游数据共享共用。完善旅游政策体系，严格规范旅游执法，对新技术、新业态、新模式实施包容审慎监管，提高依法治旅、依法兴旅水平。

（二）加大金融财税支持

统筹用好文化旅游领域各项财政资金，打造一批世界级旅游度假区优质项目。创新旅游投融资机制，加大对旅游产业的支持力度。充分发挥国家旅游发展专项资金引导和带动作用，加大对旅游形象推广、旅游产品创意创新、入境旅游市场促进等扶持力度。建立财政支持、社会融资及政府担保的金融支持体系，拓展旅游度假企业融资渠道。按照国家有关规定，落实对旅游度假企业的税收优惠政策。

（三）完善旅游用地保障

编制和调整国土空间规划、海洋功能区划、水功能区划时，充分考虑旅游度假区发展需要，优先保障旅游重点项目用地。在不改变用地主体、规划条件的前提下，市场主体利用旧厂房、仓库提供符合旅游度假区发展需要的旅游服务的，可执行继续按照原用途和土地权利类型使用土地的过渡期政策。农村集体经济组织可依法使用建设用地自办或以土地使用权、联营等方式，开办旅游企业。探索农用地旅游业复合利用，对乡村旅游项目及服务设施符合相关规划的，可实行"点状"供地。

三、推进可持续发展

（一）形成绿色生产生活典范

推动形成绿色生产生活方式，将旅游度假区建成绿色发展典范。坚持"绿色、循环、低碳"理念，建立产业准入负面清单制度，全面禁止高能耗、高污染、高排放产业和低端制造业发展，推动现有旅游产业向智能化和绿色化转变，加快构建绿色产业体系。

（二）创新绿色旅游度假模式

全面提高能源资源利用效率，实施能源消费总量和碳排放总量及强度双控行动。大力推进产业、能源和交通运输结构绿色低碳转型。大幅提高可再生能源比例。

大力推广循环经济，使用全生物降解、清洁能源装备等生态环保技术。实施用水总量和强度双控行动，加快推进建设节水型社会，提高水资源利用效率和效益。

开展系列绿色创建活动，加快推广新能源汽车，提倡绿色出行，提高公共交通机动化出行分担率；推进装配式建筑发展。逐步禁止在旅游度假区生产、销售和使用一次性不可降解塑料袋、塑料餐具，加快推进快递业绿色包装应用。

（三）探索共享经济模式

探索共享经济发展新模式。建立闲置房屋盘活利用机制，鼓励发展度假民宿、康养民宿等新型租赁业态。在交通、医疗、养老、旅游、度假等领域开展共享经济示范。

第三节　世界一流旅游设施和服务建设工程

一、完善基础设施和公共服务

（一）共建共享文化和旅游设施

文化和旅游综合公共服务设施共建。研究适合旅游度假区的文化和旅游公共服务设施建设规划和服务标准，改造提升一批综合服务设施。参考公共文化服务体系示范区和全域旅游示范区标准，探索建立体系完善、主客共享的文化和旅游综合公共服务设施。

文化和旅游公共服务活动共享。鼓励文化公益惠民服务活动服务旅游者；拓展公共文化服务配送范围，推动公共图书、文化活动、公益演出进入景区；推动市民文化活动向旅游者开展延伸服务。

（二）实现交旅融合发展

实现旅游度假区交通便捷化。优化交通体系，健全交通网络，提高旅游交通通达度，建设服务全球游客的国际旅游交通网络。加强机场、高铁、城市轨道交通、公交线路等的有效衔接，实现便捷换乘。合理布局旅游停车场，在游客主要集散区等增设旅游停车场和游客下车点，方便居民游客出行。探索推进旅游度假区的旅游专线体系建设，与区域铁路、轨道交通和公路形成互补和衔接，并将旅游专线体系与全域旅游交通结合，提升旅游度假区的公共交通可达性。完善旅游交通标识系统，充分发挥线上交通引导标识功能，提升外语标识规范化水平。大力推进旅游步道、自行车休闲绿道、水上游船线路等旅游交通休闲设施建设，推动水陆旅游联动开发。结合通航机场建设，鼓励旅游度假区发展低空旅游。创新汽车等交通工具使用管理模式，推进共享发展。

（三）建设智慧旅游度假区

对接智慧城市平台，通过移动应用端实时汇集和发布各类旅游和生活信息，满足旅游者和本地居民的全场景、全过程信息服务需求，实现一部手机智慧服务。完善旅游和生活信息管理与发布平台，建立大数据联合创新实验室，整合设施、产品、服务、监管等信息数据，提升行业管理和服务能力。增强智能旅游度假体验感，以需求为导向，深化导览、导航、支付、快速分享等领域的移动应用服务和智能服务。加大旅游度假场景智能化创新和应用力度。

（四）完善旅游便民惠民体系

规划建设一批城市公共休闲空间，完善旅游服务功能，免费为旅游者和本地居民提供休闲休憩空间。积极推进城市公园、博物馆、纪念馆、全国爱国主义教育基地、公共体育场馆等向公众免费开放。探索在高速公路收费站、地铁站、加油站等，免费发放旅游导引和宣传图册。完善无障碍旅游设施建设，全面提升旅游厕所建设管理水平，推动旅游区域实现无线网络全覆盖。建立旅游气象信息服务共享发布平台，开展旅游度假区精准气象服务；探索建立旅游志愿者队伍。

（五）提升入境旅游便利

对接国际旅游市场规则和通行标准，针对世界级旅游度假区推出更便利的入境旅游措施，为中外旅游者创造更便捷的政策环境。为入境旅居者、医疗旅游者申请签证提供便利。进一步优化外国人过境144小时免签政策，放宽过境人员活动范围限制。研究在部分重点口岸签发个人旅游签证。逐步扩大外国旅游团乘坐邮轮入境15天免签政策实施范围，吸引境外游客乘坐邮轮入境旅游。加强入境旅游便利政策宣传，在入境口岸增设旅游宣传服务。

（六）促进公共服务国际化

发挥世界级旅游度假区作为对外展现中国形象重要窗口的作用，加快建设国际化的公共服务环境。完善多语种旅游指南、交通地图、旅游应用软件、中英文标识标牌，推行多语种菜单，实现公共交通英语报站全覆盖。建设和配置多语种网站、指引标识牌、自助导览器、智能语言翻译机。实施旅游咨询及服务国际化提升工程，完善报警、医疗保障、旅游投诉、紧急救援、外币兑换等多语种服务。提升旅游厕所品质，优化旅游场所无障碍设施。

二、完善社会治理格局

（一）构建共建共治共享格局

将旅游度假区建设成为旅游者、旅居者和本地居民的共享空间，构建不同主体共建共治共享的社会治理格局。

研究在世界级旅游度假区实行以公民身份证号码为唯一标识的居住证制度，推动建立以社会保障卡为载体的"一卡通"服务管理模式。

充分发挥社区在旅游度假区社会治理中的重要作用，作为传统旅游管理的重要补充。赋予社区更大的基层治理权限，加快社区服务与治理创新。

加强人口动态数据收集分析，覆盖旅游者、旅居者和本地居民等不同人群，建立人口监测预警报告制度。

支持社会组织在规范市场秩序、开展行业监管、加强行业自律、调解贸易纠纷等方面发挥更大作用。

（二）提升公共服务便利化

加大优质公共服务供给，满足旅游者、旅居者和本地居民对高品质公共服务的需求。大力引进优质医疗资源，推进国际国内医疗资源合作，积极引进优秀卫生专业技术人员。完善异地就医直接结算信息沟通和应急联动机制。鼓励发展商业医疗保险、长期护理保险。推进社会养老服务设施建设，推进社会保险异地办理，开展养老服务补贴异地结算试点，促进异地养老。研究入境旅居者的住房、就医、子女教育等便利化问题。

（三）健全养老服务体系

提供更加充分的养老服务供给。更加主动应对人口老龄化挑战，构建居家社区机构相协调、医养康养相结合的养老服务体系，持续提升老年人生活品质和生命质量。建立健全老龄人力资源开发机制，创新"候鸟人才""旅居人才"引进和使用机制。

三、完善体制机制保障

（一）完善组织领导体制机制

在文化和旅游部指导下，加强组织领导，全力推进世界级旅游度假区建设各项工作。中央和国家机关有关单位根据本方案要求，主动配合世界级旅游度假区建设，进一步细化相关政策措施，制定出台实施方案，确保政策落地见效。组织权威科研机构对世界级旅游度假区建设开展全过程评估，牵头设立专家咨询委员会，为世界级旅游度假区建设建言献策。

（二）推进度假区管理国际化

加快建立与国际通行规则相衔接的旅游度假区管理体制，推动更多企业开展国际标准化组织（ISO）质量和环境管理体系认证，提升企业管理水平。系统提升旅游设施和旅游要素的国际化、标准化、信息化水平。

完善旅游度假区标准化体系。修订和制定与旅游度假区相关的政策法规，引导、支持、规范旅游度假区持续健康发展。推进世界级旅游度假区标准化示范建设和国际质量认证。

（三）提升旅游消费服务质量

健全旅游服务的标准体系、监管体系、诚信体系、投诉体系，建立企业信誉等级评价、重大信息公告、消费投诉信息和违规记录公示制度。严厉打击扰乱旅游市场秩序的违法违规行为，完善旅游纠纷调解机制，切实维护旅游者合法权益。支持旅游度假区整合旅游营销资源，强化整体宣传营销，促进形象提升。

（四）完善度假区安全管理

提升和优化旅游度假区安全管理水平。牢牢把握意识形态的领导权、主动权、话语权，落实意识形态工作责任制，完善安全生产工作机制。推进安全隐患治理行动，加大对旅游度假区内剧场、涉外演出、驻场演出、景区景点等重点区域的隐患排查治理，提升安全监管水平。

四、落实带薪休假制度

（一）加强带薪休假落实情况监督检查

会同人力资源和社会保障部门，加强对企业落实职工带薪年休假制度的政策指导和日常监管，将企业执行年休假情况纳入企业劳动保障年检内容，加强对用人单位执行年休假制度的监督检查。会同有关部门每年至少开展一次带薪休假专项执法检查，加强日常劳动保障监察。要畅通举报投诉渠道，限时办理涉及年休假纠纷的案件。对未按规定安排职工年休假且不给予年休假工资报酬的单位，各级劳动监察部门要按照《职工带薪年休假条例》和《企业职工带薪年休假实施办法》的规定予以处罚；对拒不执行支付未休年休假工资报酬、赔偿金行政处理决定的，由人力资源和社会保障行政部门申请人民法院强制执行。

（二）推行带薪休假集体协商和集体合同制度

以非公有制企业为重点对象，依法推进带薪休假集体协商制度，不断扩大覆盖面、增强实效性，形成反映职工休假需求和带薪休假权利的决定机制和正常增长机制。完善带薪年休假实施细则，加快建立统一规范的带薪年休假调查和信息发布制度，为开展带薪休假集体协商提供参考。企业、民办非企业单位和有雇工的个体工商户要将年休假制度相关条款列为劳动合同、集体合同必备内容，严格执行，确保职工享受年休假的权利。

（三）建立健全协调带薪休假的三方机制

建立健全由人力资源和社会保障部门、文化和旅游部门会同工会和企业联合会、工商业联合会等企业代表组织组成的三方机制。加强和创新三方机制组织建设，建立健全协调带薪休假的三方委员会，由同级政府领导担任委员会主任。完善三方机制职能，健全工作制度，充分发挥政府、工会和企业代表组织共同研究解决有关带薪休假问题中的重要作用。

（四）统筹完善职工带薪假期体系

职工的带薪假期体系由带薪休假、带薪公休日、法定节假日三部分构成，三者之间既有不同的功能，又有很强的替代互补性。职工还会不可避免地遇到疾病和突发事件，如果用人单位缺乏合理的病假和事假制度，就会挤占带薪休假时间。因此，应该通过统筹完善职工带薪假期体系、建立和谐劳动关系来推动带薪休假落实，保证带薪休假的时间连续并确实被用于休假，以充分发挥带薪休假在促进旅游度假产业发展和提高国民生活质量中的重要功能。

第四节 世界一流旅游营销和文化交流工程

一、拓展对外营销平台

充分发挥驻外旅游办事处、海外中国文化中心、孔子学院等海外机构的平台作用，推介我国世界级旅游度假区。依托各类平台讲述中国故事、传播中国声音，展示中国形象。依托海外有影响力的传统媒体和新媒体平台，创新旅游度假区对外宣传推广新格局。

促进民间交往，健全专业化、市场化、国际化的海外市场营销机制，创新产品和服务，增强我国旅游度假区的国际吸引力。发挥好文图博等文化艺术机构在传播文化中的作用，引导旅游者、旅居者、本地居民成为中国故事的生动讲述者、自觉传播者。

二、提升全球影响力

围绕世界级旅游度假区，建立文字、图片、音频、视频等构成的旅游形象标识系统。构建覆盖全媒体、宽渠道的旅游推广营销网络，充分利用中外主流媒体、网络媒体、新兴媒体、影视作品等载体，积极依托国际展会、节事、论坛等平台，全方位、立体化宣传展示我国世界级旅游度假区形象。借助国际行业组织、驻外办事机构、海外推广机构、境外友好城市和国际旅游企业集团，策划举办旅游度假区系列主题推广活动，加强国际旅游合作与交流。制订实施全球市场营销计划，面向境外旅行商和当地公众开展精准营销，进一步拓展入境旅游市场。

三、加强国际组织合作

加强与联合国开发计划署、世界旅游组织、联合国教科文组织、世界旅游业理事会等国际组织合作，搭建多元化、跨领域的旅游度假区交流合作平台。打造中外智库高端对话交流机制，推动中外智库合作研究，积极参与国际学术组织和国际科学计划，深入参与全球度假区管理研究和政策规划。

第八章

世界级旅游度假区评价指引

第一节　指引体系

　　建设富有文化底蕴的世界级旅游度假区是"十四五"规划纲要提出的任务，对于增加旅游产品有效供给，扩大旅游消费，推动旅游业转型升级，助力构建新发展格局，更好满足人民群众美好生活需要具有重要意义。

　　世界级旅游度假区，是具有世界一流的旅游吸引力、产业规模、游客满意度和旅游知名度的旅游度假区。世界级旅游度假区评价指引体系，是开展世界级旅游度假区项目选择、建设培育、评估认定等各阶段工作的指导方向和判断依据。评价指引体系着眼富有文化底蕴、体现世界级水平、突出度假区特点三个目标，遵循坚持以人民为中心、注重市场主导政府引导、立足扩大消费、坚持绿色可持续四个原则，包括资源要素、产品供给、旅游市场、综合治理和发展潜力五部分内容，对世界级旅游度假区的自然和文化资源条件、产品服务形态和质量、市场规模和结构、品牌和市场影响力、基础设施和公共服务、体制机制保障、创新能力、营商环境、绿色发展模式、对外交流能力等方面进行引导和规范。

一、资源要素

世界级旅游度假区应具有丰富的文化和旅游资源，文化资源应是中华优秀传统文化、革命文化、社会主义先进文化的杰出代表，自然资源在全国乃至世界范围具有独特性。旅游度假区与旅游目的地整合水平高；具有良好的气候条件、环境质量和生态资源。

（一）文化资源

世界级旅游度假区应完成文化资源普查，将世界文化遗产、文物保护单位、文物、工业遗产、农业文化遗产、交通文化遗产、水文化遗产、历史文化名镇名村、传统村落、历史文化街区、历史建筑、古树名木、非物质文化遗产、古籍、美术馆藏品、地方戏曲剧种、传统器乐乐种等文化资源分类整理建档，形成文化资源保护开发名录和大数据库。

世界级旅游度假区的文化资源应是中华优秀传统文化、革命文化、社会主义先进文化的杰出代表，并借此建成对外文化交流和多层次文明对话的平台。

（二）自然资源

世界级旅游度假区的自然景观资源在全国乃至世界范围具有独特性，拥有海洋、沙滩、河湖、山地、雪地、森林、温泉、草原、沙漠等自然景观资源，并借此开发形成核心度假产品。

（三）空间形态

世界级旅游度假区与旅游目的地整合水平高，旅游度假区充分纳入当地"十四五"规划和 2035 年远景目标。世界级旅游度假区与全域旅游示范区建设有机结合，旅游度假区有效整合周边的城市休闲、郊野游憩、乡村旅游、生态旅游等旅游空间，形成区域旅游协同发展格局，实现旅游发展规划、旅游吸引物体系、旅游基础设施和公共服务、旅游服务要素和新业态、旅游资源和生态环境保护等一体化发展，建设世界级旅游度假目的地。

（四）生态环境

世界级旅游度假区应具有良好的气候条件，气候舒适度较高，度假适游季较长。具有良好的环境质量，空气、噪声、土壤、地表水等质量达到相应国家标准要求。具有丰富的生态资源，森林覆盖率和建成区绿化覆盖率达到较高水平。

二、产品供给

世界级旅游度假区应实现核心度假产品集群化发展、文化和旅游融合发展，旅游产业要素创新发展。

（一）核心产品集群

世界级旅游度假区的核心度假产品集群化发展，核心区域集聚度高。旅游度假与文化娱乐、自然生态、体育运动、医养康养、海洋旅游、邮轮游艇、商务会展等深度融合，形成核心度假产品群。核心度假产品之间资源互补、布局合理、业态关联、形成合力。

核心度假产品充分考虑到不同类别游客的需求差异，能够提供分层次的产品体系，满足游客的休憩、康养、运动、研学、娱乐等多元化需求，成为业态丰富、精品集聚、文化鲜明、环境舒适的世界旅游度假胜地。

（二）文旅融合发展

世界级旅游度假区应编制完成文化和旅游融合发展规划，谋划文旅融合发展总体思路，展现旅游度假区的历史风貌和文化魅力。推进中华优秀传统文化的创造性转化、创新性发展，建成历史文化资源的活化利用典范。旅游度假产品融入文化底蕴，建成文化旅游精品的展示和体验平台。

世界级旅游度假区应形成整体文化景观和浓郁文化氛围，具有高品质的文化旅游演艺产品，非物质文化遗产和优秀传统手工艺实现活态传承，夜间文化和旅游产品丰富，能提供高质量的博物馆、图书馆和美术馆等公共文化服务。

（三）产业要素创新

世界级旅游度假区的餐饮、住宿、购物等旅游产业要素创新能力强、业态组合丰富、文旅融合水平高，旅游服务质量能够达到国际一流水平。

1. 旅游餐饮业

世界级旅游度假区应开展餐饮资源普查，形成特色菜品体系。大力挖掘历史文化、民族文化、红色文化，推动餐饮美食与文化体验融合创新发展，形成主题文化餐饮，鼓励文化餐饮"申遗"。餐饮与古建筑、传统民居、手工艺、非遗、演艺、节庆等文化产品融合，营造文化餐饮体验场景。餐饮业与文化、购物、亲子、娱乐、健身、研学等休闲产业融合发展，建设旅游休闲街区、商业综合体。

2. 旅游住宿业

世界级旅游度假区应推进旅游住宿业结构优化、品牌打造和服务提升，建立层次分明、结构齐备、类型多样、布局合理的旅游住宿业体系。主要住宿产品应包括星级饭店、生态住宿、特色民宿、度假住宿、康养住宿等多种类型，实现星级饭店标准化、生态住宿多元化、特色民宿精品化、度假住宿目的地化、康养住宿社区化发展，满足旅游者和旅居者的多样性需求。

3. 旅游购物业

世界级旅游度假区应建成旅游购物中心。通过引进知名品牌首店、旗舰店和体验店等业态，打造旅游购物综合体，设计具有文化特色的休闲购物街区，培育商品体验、特色商业等购物项目，促进旅游度假与休闲购物融合发展。

世界级旅游度假区应实现免税购物突破。加大离境退税政策宣传力度，扩大离境购物退税商店数量，推行现场退税方式，提高离境退税各环节办理速度和便利程度。积极推动在世界级旅游度假区实施免税购物政策，提高免税购物便利化程度，提高免税购物限额。

三、旅游市场

世界级旅游度假区应具有多元化的客源市场，入境旅游者和跨省域旅游者占有较大比重。应提供多样化的旅游产品，短期度假游和长期旅居游占有较大比重。在全世界有较高的旅游知晓度和美誉度，并具有较高的游客总体满意度。

（一）客源结构

世界级旅游度假区应具有多元化的客源市场，同时服务于本地居民、国内旅游者、入境旅游者。其中，入境旅游者、跨省（市、区）的国内旅游者占有较大比例。

（二）停留时间

世界级旅游度假区应提供多样化的旅游产品，包括一日游、过夜游、短期度假游、长期旅居游等类型。其中，短期度假游和长期旅居游占有较大比例。

（三）市场影响力

世界级旅游度假区应具有较强的旅游营销和对外传播能力，在全世界有较高的旅游知晓度和美誉度。世界级旅游度假区的品牌形象凝练、价值层次清晰，旅游产业要素、产品品牌、目的地等具有国际品牌知名度。

（四）游客满意度

世界级旅游度假区应具有较高的游客总体满意度，国内外游客对于旅游产业体系、旅游公共服务、旅游价格水平等总体满意，旅游重游率较高、旅游投诉率较低。能够科学监测旅游服务质量、游客满意程度并及时进行改进提升。

四、综合治理

（一）公共服务

世界级旅游度假区应加大优质公共服务供给，满足旅游者、旅居者和本地居民对高品质公共服务的需求。实现公共服务便利化、旅游服务惠民化、入境旅游便利化、服务环境国际化。

1. 公共服务便利化

世界级旅游度假区应建立以公民身份证号码为唯一标识的居住证制

度，给予外来游客享受医疗、养老、教育等公共服务的市民待遇。建立异地就医直接结算信息沟通和应急联动机制，完善住院费用异地直接结算，开展异地就医门急诊医疗费用直接结算试点工作。发展商业医疗保险、长期护理保险。推进社会养老服务设施建设，推进社会保险异地办理，开展养老服务补贴异地结算试点，促进异地养老。建立老龄人力资源开发机制，创新"候鸟人才""旅居人才"引进和使用机制。研究解决入境旅居者的住房、就医、子女教育等便利化问题。

2. 旅游服务惠民化

世界级旅游度假区应为旅游者、旅居者和本地居民提供充足的公共休闲空间。实现城市公园、博物馆、纪念馆、全国爱国主义教育基地、公共体育场馆等向公众免费开放。无障碍旅游设施健全，旅游区域能满足无障碍旅游需求。旅游厕所的建设管理水平较高。旅游区域实现无线网络全覆盖。旅游度假区能开展精准气象服务。旅游志愿服务发展水平较高。

3. 入境旅游便利化

世界级旅游度假区能对接国际旅游市场规则和通行标准，推出更便利的入境旅游措施。为入境旅居者、医疗旅游者申请签证提供便利。优化外国人过境 144 小时免签政策，放宽过境人员活动范围限制。研究在部分重点口岸签发个人旅游签证。逐步扩大外国旅游团乘坐邮轮入境 15 天免签政策实施范围，吸引境外游客乘坐邮轮入境旅游。加强入境旅游便利政策宣传，在入境口岸增设旅游宣传服务。

4. 服务环境国际化

世界级旅游度假区应发挥对外展现中国形象重要窗口的作用，加快建设国际化的公共服务环境。完善多语种旅游指南、交通地图、旅游应用软件、中英文标识标牌，推行多语种菜单，实现公共交通英语报站全覆盖。建设和配置多语种网站、指引标识牌、自助导览器、智能语言翻译机。实施旅游咨询及服务国际化提升工程，完善报警、医疗保障、旅游投诉、紧急救援、外币兑换等多语种服务。

（二）基础设施

世界级旅游度假区应实现文化和旅游基础设施共建共享，交通与旅游融合发展，交通网实现"快进慢游"功能，建成智慧型旅游度假区。

1. 文旅设施共建共享

世界级旅游度假区应实现文化和旅游综合公共服务设施共建。通过参考公共文化服务体系示范区、国家级旅游度假区、全域旅游示范区标准，探索建设体系完善、主客共享的文化和旅游综合公共服务设施。

世界级旅游度假区应实现文化和旅游公共服务活动共享。鼓励文化公益惠民服务活动服务旅游者。拓展公共文化服务配送范围，推动公共图书、文化活动、公益演出进入景区。推动市民文化活动向旅游者开展延伸服务。

2. 交通旅游融合发展

世界级旅游度假区应实现交通与旅游融合发展。强化交通网"快进慢游"功能，加强交通干线与旅游度假区衔接。完善公路沿线、服务区、客运枢纽、邮轮游轮游艇码头等旅游服务设施功能，支持红色旅游、乡村旅游、度假休闲旅游、自驾游等相关交通基础设施建设，推进通用航空与旅游融合发展。健全旅游度假区的交通集散体系，鼓励发展定制化旅游运输服务，丰富邮轮旅游服务，形成交通带动旅游、旅游促进交通发展的良性互动格局。

3. 智慧旅游发展

世界级旅游度假区应建成智慧型旅游度假区。对接智慧城市平台，通过移动应用端实时汇集和发布各类旅游和生活信息，满足旅游者和本地居民的全场景、全过程信息服务需求，实现一部手机智慧服务。完善旅游和生活信息管理与发布平台，建立大数据联合创新实验室，整合设施、产品、服务、监管等信息数据，提升行业管理和服务能力。增强智能旅游度假体验感，以需求为导向，深化导览、导航、支付、快速分享等领域的移动应用服务和智能服务。加大旅游度假场景智能化创新和应用力度。

（三）体制机制

世界级旅游度假区应有完善的组织领导体制，形成推动建设的领导合力。建立包括本地居民、旅游者、旅居者在内的共建共治共享社会治理制度。管理体制逐步与国际通行规则相衔接。建立起旅游服务质量保障和旅游安全管理体系。

1. 组织领导体制

世界级旅游度假区应成立党委、政府主要领导挂帅的世界级旅游度假区建设工作领导小组，形成推进世界级旅游度假区建设的领导体制，强化党委、政府的领导。领导小组应落实世界级旅游度假区建设主体责任，明确创建目标及时序安排，形成推进世界级旅游度假区建设的领导合力。

世界级旅游度假区应建立适应世界级旅游度假区发展的政策保障机制、资金整合使用机制、多规融合机制和目标责任考核机制，强化政策、资金、规划扶持，保障要素供给，落实世界级旅游度假区建设工作责任。

2. 社会治理格局

世界级旅游度假区应完善共建共治共享的社会治理制度，建设包括本地居民、旅游者、旅居者在内人人有责、人人尽责、人人享有的社会治理共同体。充分发挥社区在旅游度假区社会治理中的重要作用，作为传统旅游管理模式的重要补充。

世界级旅游度假区应深入研究长期旅居者的旅游休闲行为特征，健全社区管理和服务机制，提高精准化精细化服务管理能力，推动就业社保、养老托育、扶残助残、医疗卫生、家政服务、物流商超、治安执法、纠纷调处、心理援助等便民服务场景有机集成和精准对接。

3. 管理国际化水平

世界级旅游度假区应系统提升旅游设施和旅游要素的国际化、标准化、信息化水平，逐步建立与国际通行规则相衔接的管理体制。鼓励相关企业开展国际标准化组织质量和环境管理体系认证，提升世界级旅游度假区的整体管理水平。

4. 旅游服务质量

世界级旅游度假区应健全旅游服务的标准体系、监管体系、诚信体系、投诉体系，建立企业信誉等级评价、重大信息公告、消费投诉信息和违规记录公示制度。严厉打击扰乱旅游市场秩序的违法违规行为，完善旅游纠纷调解机制，切实维护旅游者合法权益。

5. 旅游安全管理

世界级旅游度假区应提升和优化安全管理水平。牢牢把握意识形态的领导权、主动权、话语权，落实意识形态工作责任制。完善安全生产工作机制，加大对旅游度假区内剧场、涉外演出、驻场演出、景区景点等重点区域的隐患排查治理，提升安全监管水平。

世界级旅游度假区应提高旅游安全精准动态监测预测预警水平，实现旅游安全相关信息的系统整合、精准推送，提升公共卫生、自然灾害、事故灾难、社会安全等突发公共事件应急处置能力。

五、发展潜力

世界级旅游度假区应有较强的人才队伍，依托大数据和高端智库提升科学决策能力。有公平便利的营商环境，在投融资和旅游用地等方面有充足的要素投入。建立起绿色可持续发展模式。具有多元化的对外交流平台来提升全球影响力。

（一）创新能力

1. 人才队伍

世界级旅游度假区应加大人才引进力度，加强旅游人才队伍建设，形成旅游领军人才、旅游创意人才、旅游经营管理人才、旅游服务人才等队伍，打造旅游人才高地。

世界级旅游度假区应提升国际人才发展水平，探索建立与国际接轨的全球人才招聘制度和吸引外国高技术人才的管理制度，为在世界级旅游度假区工作和创业的外国人才提供出入境、居留和永久居留便利。

2. 高端智库

世界级旅游度假区应加强与权威的科研机构、社会组织和国际组织合作，增强战略研究和决策咨询能力，提升在全球旅游度假市场的影响力和话语权。

3. 科学决策

世界级旅游度假区应建设旅游大数据平台，建立覆盖旅游者、旅居者和本地居民的旅游动态数据收集分析系统，建立旅游监测预警报告机制，建立旅游知名度和游客满意度调查和评价机制。

世界级旅游度假区应综合运用第三方评估、社会监督评价等方式，科学研究旅游度假区发展演变、客源市场结构、旅游者行为规律、旅游发展质量和效益、国民经济和社会发展综合贡献，为世界级旅游度假区的高质量发展提供数据支撑和决策依据。

（二）营商环境

世界级旅游度假区应具有公平便利的旅游营商环境，在金融财税、旅游用地等产业要素方面建立起发展支持体系。

1. 营商环境

开展营商环境评价，在开办企业、办理施工许可证、获得电力、登记财产、获得信贷、保护少数投资者、纳税、跨境贸易、执行合同和办理破产等方面加大改革力度。

深化"放管服"改革，持续推进"证照分离"和"多证合一"改革，实现在旅行社、导游管理和旅游服务领域，减环节、减证明、减时间、减跑动次数，有效降低企业制度性交易成本。

完善旅游政策体系，严格规范旅游执法，对新技术、新业态、新模式实施包容审慎监管，提高依法治旅、依法兴旅水平。

2. 金融财税

世界级旅游度假区应具有较大投资规模和较强投资能力，应建立财政支持、社会融资和政府担保的金融支持体系，创新旅游投融资机制，整合多元投资平台，拓展旅游度假企业融资渠道。

充分发挥各级政府旅游发展专项资金引导和带动作用，加大对基础设施建设、旅游形象推广、旅游产品创意创新、入境旅游市场促进等扶持力度，积极吸引社会资本参与投资。

按照国家有关规定，落实对世界级旅游度假区企业的税收优惠政策。

3. 旅游用地

编制和调整国土空间规划、海洋功能区划、水功能区划时，充分考虑世界级旅游度假区发展需要，优先保障旅游重点项目用地。在不改变用地主体、规划条件的前提下，市场主体利用旧厂房、仓库提供符合旅游度假区发展需要的旅游服务的，可执行继续按照原用途和土地权利类型使用土地的过渡期政策。农村集体经济组织可依法使用建设用地自办或以土地使用权、联营等方式，开办旅游企业。探索农用地旅游业复合利用，对乡村旅游项目及服务设施符合相关规划的，可实行"点状"供地。

（三）绿色发展

世界级旅游度假区应形成绿色发展模式。紧守生态保护红线，合理利用生态资源，形成绿色生产服务方式和绿色旅游度假模式，实现住宿、交通等领域的共享旅游经济发展。

1. 绿色生产生活方式

推动形成绿色生产生活方式，将旅游度假区建成绿色发展典范。坚持"绿色、循环、低碳"理念，建立产业准入负面清单制度，全面禁止高能耗、高污染、高排放产业和低端制造业发展，推动现有旅游产业向智能化和绿色化转变，加快构建绿色产业体系。

2. 绿色旅游度假模式

全面提高能源资源利用效率，实施能源消费总量和碳排放总量及强度双控行动。大力推进产业、能源和交通运输结构绿色低碳转型。大幅提高可再生能源比重。

大力推广循环经济，使用全生物降解、清洁能源装备等生态环保技术。实施用水总量和强度双控行动，加快推进建设节水型社会，提高水资源利用效率和效益。

开展绿色旅游创建活动。倡导在旅游度假区绿色出行，大力推广新能源汽车使用，提高乘坐公共交通的便利性，降低二氧化碳和污染物排放。鼓励在旅游度假区发展装配式建筑。

3. 共享经济发展模式

探索共享经济发展新模式。建立闲置房屋盘活利用机制，鼓励发展度假民宿、康养民宿等新型租赁业态。在交通、医疗、养老、旅游、度假等领域开展共享经济示范。

（四）对外交流

世界级旅游度假区应具有多元化的官方和民间对外交流平台，能够通过旅游形象标识系统、目的地营销系统、对外文化交流活动等来提升全球影响力。世界级旅游度假区应与联合国开发计划署、世界旅游组织、联合国教科文组织、世界旅游业理事会、世界旅游联盟等国际组织紧密合作，搭建国际化、跨领域的旅游度假区交流合作平台。

1. 对外交流平台

多元化的对外交流平台。充分发挥驻外旅游办事处、海外中国文化中心、孔子学院等海外机构的平台作用，推介世界级旅游度假区。依托各类平台讲述中国故事、传播中国声音，展示中国形象。依托海外有影响力的传统媒体和新媒体平台，创新旅游度假区对外宣传推广新格局。

多元化的民间交往渠道。健全专业化、市场化、国际化的海外市场营销机制，创新产品和服务，增强世界级旅游度假区的国际吸引力。发挥好文图博等文化艺术机构在传播文化中的作用，引导世界级旅游度假区的旅游者、旅居者、本地居民成为中国故事的生动讲述者、自觉传播者。

2. 全球影响力

世界级旅游度假区应建立文字、图片、音频、视频等构成的旅游形象标识系统。构建覆盖全媒体、宽渠道的旅游推广营销网络，充分利用中外主流媒体、网络媒体、新兴媒体、影视作品等载体，积极依托国际展会、节事、论坛等平台，全方位、立体化宣传展示世界级旅游度假区形象。借助国际行业组织、驻外办事机构、海外推广机构、境外友好城市和国际旅游企业集团，策划举办旅游度假区系列主题推广活动，加强国际旅游合作与交流。制定实施全球市场营销计划，面向境外旅行商和当地公众开展精准营销，进一步拓展入境旅游市场。

3. 国际组织合作

世界级旅游度假区应加强与联合国开发计划署、世界旅游组织、联合国教科文组织、世界旅游业理事会等国际组织合作，搭建国际化、跨领域的旅游度假区交流合作平台。打造中外智库高端对话交流机制，推动中外智库合作研究，积极参与国际学术组织和国际科学计划，深入参与全球度假区管理研究和政策规划。

第二节　指标体系

世界级旅游度假区指标体系属定量性指标，以得分达标的方式进行（参见权重赋分部分）。首先，确定"世界级旅游度假区评价指标体系"的4大子项（一级指标），即旅游服务体系、旅游产业规模、游客满意度、旅游知名度。

在4个一级指标框架下，结合世界级旅游度假区的建设目标和发展实际，细化形成19个二级指标、70个三级指标、175个四级指标、234个观测点，构建形成了世界级旅游度假区建设评价的指标体系，详见表8-1。

表8-1　　　　　　　　世界级旅游度假区评价指标体系

一级指标	二级指标	三级指标	四级指标	观测点
旅游服务体系	自然环境资源	气候舒适度	度假适游季	度假适游季长度指数
			气候舒适度	气候相对舒适度指数
			日照时数	日照时数舒适度指数
			平均温度	平均温度舒适度指数
			海拔高度	海拔高度舒适度指数
		环境质量	空气质量	空气质量指数
			噪声质量	噪声质量指数
			土壤质量	土壤质量指数
			地表水质量	地表水质量指数
		生态资源	森林覆盖率	森林覆盖率指数
			建成区绿化覆盖率	建成区绿化覆盖率指数
	核心度假产品	生态旅游产品	国家公园	国家公园发展指数
			生态公园	生态公园发展指数
			生态空间	生态空间可进入性指数

一级指标	二级指标	三级指标	四级指标	观测点
旅游服务体系	核心度假产品	生态旅游产品	旅游绿道	每平方千米旅游绿道长度指数
		景区旅游产品	世界自然遗产	世界自然遗产发展指数
				世界自然遗产文化产品开发指数
				世界自然遗产文化氛围营造指数
			旅游景区	旅游景区发展指数
				旅游景区文化产品开发指数
				旅游景区文化氛围营造指数
		文化旅游产品	世界文化遗产	世界文化遗产发展指数
				世界文化遗产景区化建设指数
				世界文化遗产活化利用指数
			文物保护单位	文物保护单位发展指数
				文物保护单位景区化建设指数
				文物保护单位活化利用指数
			非物质文化遗产	非物质文化遗产发展指数
				非物质文化遗产活态传承指数
				非物质文化遗产产品转化指数
			文化演艺产品	文化演艺设施发展指数
				文化演艺产品发展指数
			夜间文旅产品	夜间文旅设施发展指数
				夜间文旅产品发展指数
		旅游住宿产品	精品度假酒店	精品度假酒店发展指数
			新型住宿	新型住宿多元化发展指数
				新型住宿精品化发展指数
			产权居所	产权居所项目发展指数
				产权居所项目租赁服务
			旅游度假社区	复杂旅游度假社区管理水平
			文化内涵	旅游住宿产品文化内涵水平

一级指标	二级指标	三级指标	四级指标	观测点
旅游服务体系	核心度假产品	旅游住宿产品	宜老化设计	符合《老年人居住建筑设计规范》的旅游住宿比例
		餐饮购物产品	休闲购物综合体	休闲购物综合体发展指数
			休闲购物街区	休闲购物街区发展指数
			特色文化商品	特色文化商品发展指数
			特色文化餐饮	特色文化餐饮发展指数
			免税购物政策	免税购物和离境退税政策发展指数
		健康旅游产品	养生长寿文化	养生长寿文化产品发展指数
			特色有机农产品	特色有机农产品发展指数
			中医药旅游	中医药旅游产品发展指数
			温泉旅游	温泉旅游产品发展指数
		商务会展旅游产品	会展旅游设施	会展旅游设施发展指数
			大型展会活动	大型展会活动发展指数
		体育旅游产品	体育运动设施	体育运动设施发展指数
			体育旅游产品	体育旅游产品发展指数
			体育赛事活动	体育赛事活动发展指数
		乡村旅游产品	乡村旅游设施	传统村落文化景观
				农业生态景观
				乡村旅游设施发展水平
			乡村旅游产品	乡村旅游产品发展指数
				乡村旅游产品文化内涵
				乡村本土文化活态传承
		特色旅游产品	特色旅游设施	特色旅游设施发展指数
			特色旅游产品	特色旅游产品发展指数
	生活服务体系	生活服务	生活服务便捷度	步行15分钟范围内有生活服务综合体的比例
		文化服务	文化服务便捷度	步行15分钟范围内有文化设施的比例

一级指标	二级指标	三级指标	四级指标	观测点
旅游服务体系	生活服务体系	文化服务	公共文化服务水平	每百人公共图书馆藏书
			公共文化服务开放性	公共文化服务是否对外地居民开放
		体育健身	体育健身服务便捷度	步行 15 分钟范围内有群众性体育活动场地的比例
			体育健身服务水平	人均体育场地面积
			群众体育健身基础	经常参加锻炼的人数比例
			体育健身服务开放性	公共体育健身服务是否对外地居民开放
		医疗卫生	医疗服务便捷度	步行 15 分钟范围内有基本医疗卫生服务的比例
			医疗服务水平	人均预期寿命
				每千常住人口执业（助理）医师数
				区内是否有三级甲等医院
		养老服务	养老服务水平	居家社区机构相协调、医养康养相结合的养老服务
			老龄人力资源开发	建立"候鸟人才""旅居人才"引进和使用机制
		医养结合	医养结合服务水平	有需要的旅游度假者享受到基层医疗卫生机构上门服务的比例
				社区能够以不同形式为旅游度假者提供医疗卫生服务的比例
			基本医保异地就医结算	建立异地就医直接结算信息沟通和应急联动机制，完善住院费用异地直接结算
				开展异地就医门急诊医疗费用直接结算试点

一级指标	二级指标	三级指标	四级指标	观测点
	旅游目的地	全域旅游	全域旅游示范区	协同周边区域创建国家全域旅游示范区
		休闲空间	休闲空间总量	人均公园绿地面积
			休闲空间开放性	社区休闲空间开放共享
				公园绿地免费对外开放的比例
			休闲空间布局	步行15分钟范围内有公园绿地的比例
			文化景观	区域文化特色景观
			风貌整洁	区域城乡风貌整洁
旅游服务体系	基础设施	文旅设施共建共享	设施共建	共建文化和旅游综合服务设施
			活动共享	共享文化和旅游服务活动
		旅游交通	国际交通	国际旅游交通联系度
			国内交通	航空交通
				高铁交通
				高速公路
			区内交通	交通枢纽专线
				旅游停车场
				区内公共交通
				出租汽车
				自行车和步行绿道
				水上交通
				通用航空
			交旅融合	交通和文旅设施共建共享
				交通遗产保护和交通旅游产品开发
		智慧旅游	移动智慧服务平台	"一部手机"智慧文旅服务水平
			大数据创新能力	基于大数据挖掘的行业管理和研究分析能力

一级指标	二级指标	三级指标	四级指标	观测点
旅游服务体系	基础设施	智慧旅游	无线网络	区域实现无线网络全覆盖
		无障碍设施	无障碍设施	符合《无障碍设计规范》的场所比例
			无障碍感知	觉得各场所可无障碍进入的旅游者比例
	公共服务	旅游便民惠民体系	文旅场所免费开放	文化和旅游场所免费开放水平
			旅游厕所	旅游厕所建设管理水平
			旅游标识导览	旅游标识导览水平
			旅游气象服务	旅游度假区精准气象服务
			适老化服务	适老化旅游服务比例
		入境旅游便利	特殊签证安排	为入境旅居者、医疗旅游者申请签证提供便利
			外国人过境免签	外国人过境144小时免签政策
			外国人口岸落地签证	在重点口岸签发个人旅游签证
		公共服务国际化	公共服务	旅游公共服务国际化水平
			市场服务	旅游市场服务国际化水平
		社会治安	犯罪率	万人刑事案件立案数
			社会治安满意度	平安建设满意度指标
	社会治理格局	社区共建共治共享	居住证制度	以公民身份证号码为唯一标识的居住证制度
			"一卡通"服务模式	以社会保障卡为载体的"一卡通"服务管理模式
			社区管理作用	社区在旅游度假区社会治理中发挥重要作用
			人口动态数据分析	建立人口监测预警报告和研究分析制度

一级指标	二级指标	三级指标	四级指标	观测点
旅游服务体系	社会治理格局	公共服务便利化	社会保险	推进社会保险异地办理
			养老服务	开展养老服务补贴异地结算试点
			入境旅居者	入境旅居者的住房、就医、子女教育等服务便利化
		社会参与度	学习教育	经常性参与教育活动的度假旅游者比例
			志愿服务	度假旅游者中志愿者注册人数比例
			团队活动	经常参加团队性活动的度假旅游者比例
		社会包容度	市民待遇	能否给予度假旅游者享受公共服务的市民待遇
	可持续发展	绿色生产方式	产业负面清单	建立产业准入负面清单制度
				全面禁止高能耗、高污染、高排放产业和低端制造业发展
			绿色产业体系	推动旅游产业向智能化和绿色化转变
		绿色旅游模式	能源利用效率	实施能源消费总量和碳排放总量及强度双控行动
			可再生能源	可再生能源比例
			循环经济	循环经济发展水平
			绿色出行	绿色出行占交通比例
		共享经济模式	住宿租赁业态	发展度假民宿、康养民宿等住宿共享租赁业态
			共享经济示范	在交通、医疗、养老、旅游、度假等领域开展共享经济示范
			限制一次性用品	禁止使用一次性不可降解塑料袋、塑料餐具，推广绿色包装

一级指标	二级指标	三级指标	四级指标	观测点
旅游服务体系	人才智库建设	强化人才支持	人才资源	旅游领军人才、旅游创意人才、旅游经营管理人才、旅游服务人才等人才资源水平
				人才队伍国际化水平
				外国人才工作便利度
		建设高端智库	智库资源	依托权威的科研机构、社会组织和国际组织，建设具有国际影响力和话语权的高端智库
		加强分析研究	数据分析机构	建设旅游度假大数据中心，建立统计监测制度
			科学研究分析	科学研究旅游度假区的产业经济、客源市场、旅游者行为、旅游发展质量、游客满意度
	营商环境建设	优化营商环境	开展营商环境评价	营商环境指数
			"放管服"改革	在旅游管理和服务领域降低企业制度性交易成本
			"互联网＋政务服务"	实现政务服务"一网通办"
		加大金融财税支持	政府引导资金	政府资金对旅游产业的支持和引导力度
			企业融资渠道	旅游企业的融资便利性
			税收优惠政策	旅游企业的税收优惠政策
		完善旅游用地保障	多规合一	"多规合一"保障旅游度假区规划和用地需求
			用地政策创新	利用旧厂房、仓库、农村集体建设用地等发展旅游业的政策创新
	国际交流合作	对外交流综合平台	官方交流平台	与驻外旅游办事处、海外中国文化中心、孔子学院等官方机构合作建立平台

一级指标	二级指标	三级指标	四级指标	观测点
旅游服务体系	国际交流合作	对外交流综合平台	国际组织平台	与联合国开发计划署、世界旅游组织、联合国教科文组织、世界旅游业理事会等国际组织合作建立平台
			民间交往平台	发挥市场化营销机构、文化艺术机构、旅游者和居民的民间交往功能
		全球影响力	旅游形象标识系统	旅游形象标识系统发展水平
			目的地营销系统	目的地营销系统发展水平
			对外文化交流	讲述中国故事、传播中国声音、展示中国形象的水平
	体制机制保障	组织领导保障	组织领导体制机制	集聚各级政府资源推动世界级旅游度假区建设
			专家咨询委员会	建立"政产学研用投"等多领域专家组成的专家咨询委员会
		管理国际化	管理国际化	旅游企业开展国际标准化组织（ISO）质量和环境管理体系认证
			标准化示范	世界级旅游度假区开展标准化示范建设
		旅游服务质量	旅游服务质量保障体系	建立旅游服务的标准体系、监管体系、诚信体系、投诉体系
			旅游服务质量公示制度	建立企业信誉等级评价、重大信息公告、消费投诉信息和违规记录公示制度
		旅游安全管理	意识形态安全	把握意识形态的领导权、主动权、话语权，落实意识形态工作责任制

一级指标	二级指标	三级指标	四级指标	观测点
旅游产业规模	旅游接待规模	客源市场结构	本地旅游者	本地旅游者接待人数
			区域旅游者	区域旅游者接待人数
			国内旅游者	国内旅游者接待人数
			入境旅游者	入境旅游者接待人数
		旅游时间结构	一日游旅游者	一日游旅游者接待人数
			过夜旅游者	过夜旅游者接待人数
			度假旅游者	度假旅游者接待人数
			旅居者	旅居者接待人数
	旅游产业经济	旅游产业规模	旅游总收入	旅游总收入指数
			旅游增加值	旅游增加值指数
游客满意度	国内游客满意度	旅游感知质量	旅游产业体系	自然环境资源
				核心度假产品
				便捷生活服务
				旅游目的地
			旅游公共服务	基础设施
				公共服务
				社会治理格局
		旅游感知价值	旅游价格合理性	旅游价格满意指数
		旅游抱怨	旅游质量抱怨	旅游质量抱怨指数
		旅游忠诚	重游可能性	重游可能性指数
		总体满意度	总体游客满意度	总体游客满意度指数
	国外游客满意度	旅游感知质量	旅游产业体系	自然环境资源
				核心度假产品
				便捷生活服务
				旅游目的地
			旅游公共服务	基础设施
				公共服务
				社会治理格局

一级指标	二级指标	三级指标	四级指标	观测点
游客满意度	国外游客满意度	旅游感知价值	旅游价格合理性	旅游价格满意指数
		旅游抱怨	旅游质量抱怨	旅游质量抱怨指数
		旅游忠诚	重游可能性	重游可能性指数
		总体满意度	总体游客满意度	总体游客满意度指数
			旅游安全	旅游安全监管水平
旅游知名度	旅游传播力	官方媒体平台	传统媒体平台传播绩效	国内旅游者传播绩效指数
				国外旅游者传播绩效指数
			新媒体平台传播绩效	国内旅游者传播绩效指数
				国外旅游者传播绩效指数
		新闻媒体报道	国内新闻媒体报道绩效	新闻媒体报道热度指数
				新闻媒体报道深度指数
				新闻媒体报道广度指数
			国外新闻媒体报道绩效	新闻媒体报道热度指数
				新闻媒体报道深度指数
				新闻媒体报道广度指数
		搜索引擎信息	国内搜索引擎指数	搜索引擎资讯指数
				搜索引擎媒体指数
			国外搜索引擎指数	搜索引擎资讯指数
				搜索引擎媒体指数
	旅游熟悉度	旅游知晓度	国内旅游者	国内旅游者知晓广度指数
				国内旅游者知晓深度指数
			国外旅游者	国外旅游者知晓广度指数
				国外旅游者知晓深度指数
		社交媒体	国内社交媒体	社交媒体网评热度指数
				社交媒体网评深度指数
				社交媒体网评广度指数
			国外社交媒体	社交媒体网评热度指数

一级指标	二级指标	三级指标	四级指标	观测点
旅游知名度	旅游熟悉度	社交媒体	国外社交媒体	社交媒体网评深度指数
				社交媒体网评广度指数
		搜索引擎热度	国内搜索引擎热度	国内搜索引擎热度指数
			国外搜索引擎热度	国外搜索引擎热度指数
	旅游美誉度	旅游者美誉度	国内旅游者	国内旅游者美誉指数
			国外旅游者	国外旅游者美誉指数
		社交媒体美誉度	国内社交媒体	国内社交媒体美誉指数
			国外社交媒体	国外社交媒体美誉指数
		新闻媒体美誉度	国内新闻媒体	国内新闻媒体美誉指数
			国外新闻媒体	国外新闻媒体美誉指数

第三节　权重赋分

邀请相关专家对已经确定的世界级旅游度假区综合评价体系表各级指标之间的重要性进行对比研究，对指标进行量化，赋予世界级旅游度假区评价指标共 1000 分，具体赋分如表 8 - 2 所示。

表 8 - 2　　　　　世界级旅游度假区建设评价指标赋分

一级指标	赋分	二级指标	赋分	三级指标	赋分	四级指标	赋分
旅游服务体系	300	自然环境资源	30	气候舒适度	10	度假适游季	2
						气候舒适度	2
						日照时数	2
						平均温度	2
						海拔高度	2
				环境质量	10	空气质量	3

一级指标	赋分	二级指标	赋分	三级指标	赋分	四级指标	赋分
旅游服务体系	300	自然环境资源	30	环境质量	10	噪声质量	2
						土壤质量	2
						地表水质量	3
				生态资源	10	森林覆盖率	5
						建成区绿化覆盖率	5
		核心度假产品	50	生态旅游产品	5	国家公园	2
						生态公园	1
						生态空间	1
						旅游绿道	1
				景区旅游产品	5	世界自然遗产	3
						旅游景区	2
				文化旅游产品	5	世界文化遗产	1
						文物保护单位	1
						非物质文化遗产	1
						文化演艺产品	1
						夜间文旅产品	1
				旅游住宿产品	6	精品度假酒店	1
						新型住宿	1
						产权居所	1
						旅游度假社区	1
						文化内涵	1
						宜老化设计	1
				餐饮购物产品	5	休闲购物综合体	1
						休闲购物街区	1
						特色文化商品	1
						特色文化餐饮	1
						免税购物政策	1

续表

一级指标	赋分	二级指标	赋分	三级指标	赋分	四级指标	赋分
旅游服务体系	300	核心度假产品	50	健康旅游产品	4	养生长寿文化	1
						特色有机农产品	1
						中医药旅游	1
						温泉旅游	1
				商务会展旅游产品	5	会展旅游设施	2
						大型展会活动	3
				体育旅游产品	5	体育运动设施	2
						体育旅游产品	2
						体育赛事活动	1
				乡村旅游产品	5	乡村旅游设施	2
						乡村旅游产品	3
				特色旅游产品	5	特色旅游设施	2
						特色旅游产品	3
		生活服务体系	30	生活服务	5	生活服务便捷度	5
				文化服务	5	文化服务便捷度	2
						公共文化服务水平	2
						公共文化服务开放性	1
				体育健身	5	体育健身服务便捷度	2
						体育健身服务水平	1
						群众体育健身基础	1
						体育健身服务开放性	1
				医疗卫生	5	医疗服务便捷度	2
						医疗服务水平	3
				养老服务	5	养老服务水平	3
						老龄人力资源开发	2
				医养结合	5	医养结合服务水平	3
						基本医保异地就医结算	2

一级指标	赋分	二级指标	赋分	三级指标	赋分	四级指标	赋分
旅游服务体系	300	旅游目的地	30	全域旅游	20	全域旅游示范区	20
				休闲空间	10	休闲空间总量	3
						休闲空间开放性	1
						休闲空间布局	2
						文化景观	2
						风貌整洁	2
		基础设施	20	文旅设施共建共享	5	设施共建	3
						活动共享	2
				旅游交通	5	国际交通	2
						国内交通	1
						区内交通	1
						交旅融合	1
				智慧旅游	5	移动智慧服务平台	2
						大数据创新能力	2
						无线网络	1
				无障碍设施	5	无障碍设施	3
						无障碍感知	2
		公共服务	20	旅游便民惠民体系	5	文旅场所免费开放	1
						旅游厕所	1
						旅游标识导览	1
						旅游气象服务	1
						适老化服务	1
				入境旅游便利	5	特殊签证安排	1
						外国人过境免签	2
						外国人口岸落地签证	2
				公共服务国际化	5	公共服务	2
						市场服务	3

一级指标	赋分	二级指标	赋分	三级指标	赋分	四级指标	赋分
旅游服务体系	300	公共服务	20	社会治安	5	犯罪率	2
						社会治安满意度	3
		社会治理格局	20	社区共建共治共享	5	居住证制度	2
						"一卡通"服务模式	1
						社区管理作用	1
						人口动态数据分析	1
				公共服务便利化	5	社会保险	2
						养老服务	2
						入境旅居者	1
				社会参与度	5	学习教育	2
						志愿服务	2
						团队活动	1
				社会包容度	5	市民待遇	5
		可持续发展	20	绿色生产方式	5	产业负面清单	2
						绿色产业体系	3
				绿色旅游模式	10	能源利用效率	2
						可再生能源	2
						循环经济	3
						绿色出行	3
				共享经济模式	5	住宿租赁业态	2
						共享经济示范	1
						限制一次性用品	2
		人才智库建设	20	强化人才支持	10	人才资源	10
				建设高端智库	5	智库资源	5
				加强分析研究	5	数据分析机构	3
						科学研究分析	2

一级指标	赋分	二级指标	赋分	三级指标	赋分	四级指标	赋分
旅游服务体系	300	营商环境建设	20	优化营商环境	10	开展营商环境评价	5
						"放管服"改革	3
						"互联网＋政务服务"	2
				加大金融财税支持	5	政府引导资金	2
						企业融资渠道	2
						税收优惠政策	1
				完善旅游用地保障	5	多规合一	3
						用地政策创新	2
		国际交流合作	20	对外交流综合平台	10	官方交流平台	3
						国际组织平台	3
						民间交往平台	4
				全球影响力	10	旅游形象标识系统	3
						目的地营销系统	4
						对外文化交流	3
		体制机制保障	20	组织领导保障	5	组织领导体制机制	3
						专家咨询委员会	2
				管理国际化	5	管理国际化	2
						标准化示范	3
				旅游服务质量	5	旅游服务质量保障体系	3
						旅游服务质量公示制度	2
				旅游安全管理	5	意识形态安全	3
						旅游安全	2
旅游产业规模	200	旅游接待规模	100	客源市场结构	50	本地旅游者	10
						区域旅游者	10
						国内旅游者	10
						入境旅游者	20
				旅游时间结构	50	一日游旅游者	10
						过夜旅游者	10

续表

一级指标	赋分	二级指标	赋分	三级指标	赋分	四级指标	赋分
旅游产业规模	200	旅游接待规模	100	旅游时间结构	50	度假旅游者	20
						旅居者	10
		旅游产业经济	100	旅游产业规模	100	旅游总收入	50
						旅游增加值	50
游客满意度	250	国内游客满意度	100	旅游感知质量	20	旅游产业体系	10
						旅游公共服务	10
				旅游感知价值	20	旅游价格合理性	20
				旅游抱怨	15	旅游质量抱怨	15
				旅游忠诚	15	重游可能性	15
				总体满意度	30	总体游客满意度	30
		国外游客满意度	150	旅游感知质量	25	旅游产业体系	15
						旅游公共服务	10
				旅游感知价值	25	旅游价格合理性	25
				旅游抱怨	25	旅游质量抱怨	25
				旅游忠诚	25	重游可能性	25
				总体满意度	50	总体游客满意度	50
旅游知名度	250	旅游传播力	70	官方媒体平台	25	传统媒体平台传播绩效	10
						新媒体平台传播绩效	15
				新闻媒体报道	25	国内新闻媒体报道绩效	10
						国外新闻媒体报道绩效	15
				搜索引擎信息	20	国内搜索引擎指数	8
						国外搜索引擎指数	12
		旅游熟悉度	90	旅游知晓度	30	国内旅游者	15
						国外旅游者	15
				社交媒体	30	国内社交媒体	15
						国外社交媒体	15

续表

一级指标	赋分	二级指标	赋分	三级指标	赋分	四级指标	赋分
旅游知名度	250	旅游熟悉度	90	搜索引擎热度	30	国内搜索引擎热度	15
						国外搜索引擎热度	15
		旅游美誉度	90	旅游者美誉度	30	国内旅游者	15
						国外旅游者	15
				社交媒体美誉度	30	国内社交媒体	15
						国外社交媒体	15
				新闻媒体美誉度	30	国内新闻媒体	15
						国外新闻媒体	15

参考同类标准的创建得分要求，根据我国旅游度假区的发展实际和发展趋势，结论如下：

世界级旅游度假区评价指标共 1000 分，可分为两个等级：世界级旅游度假区达标标准：得分值域≥900 分；世界级旅游度假区培育标准：得分值域 800~900 分。

第九章

世界级旅游度假区工作方案

第一节　基本原则

坚持以人民为中心。坚持人民主体地位，顺应旅游消费升级趋势，推动旅游度假区向高品质和多样化升级，不断丰富人民精神文化生活，实现人民对美好生活的向往。

坚持以一流为目标。引导和支持具备一定实力的旅游度假区瞄准世界一流，立足国内市场、拓展国际市场，塑造一流品牌形象，提供一流产品服务，打造一流产业体系，加快建成世界一流旅游度假区。

坚持以文化为底蕴。以讲好中国故事为着力点，推动文化和旅游融合发展，完善文化产业规划和政策，扩大优质文化产品供给，将文化作为旅游度假区的最鲜明特色和发展升级突破口。

坚持以效能为杠杆。坚持需求导向、结果导向，建立激励约束机制，优化营商环境，深化体制改革，构建完善中国特色的世界级旅游度假区评价体系，充分激发旅游度假区的内生动力和创新活力，引导旅游度假区不断发展升级。

坚持融合发展理念。加强前瞻性思考、全局性谋划、战略性布局、整体性推进,统筹国内和国际两大市场,开发文化和旅游两大资源,推动全域旅游发展,促进旅游产业融合,构建共建共治共享社会治理格局。

第二节 总体目标

推动旅游度假区文化和旅游融合发展,形成深厚的文化底蕴,建设一批具有世界一流的旅游服务体系、世界一流的旅游产业规模、世界一流的游客满意度、世界一流的旅游知名度的世界级旅游度假区。(1)到2025年,建成若干个世界级旅游度假区;(2)到2035年,建成更多的世界级旅游度假区,旅游度假区的创新能力和可持续发展能力显著提升;(3)到本世纪中叶,我国世界级旅游度假区的数量和质量进入世界前列,成为世界一流的旅游度假目的地。

第三节 发展路径

第一阶段。在63家国家级旅游度假区的基础上,确定世界级旅游度假区试点名单。推进旅游度假区的文旅融合发展,并依托文化内涵形成世界级的旅游吸引力。丰富旅游度假区的核心度假产品体系,形成核心度假产品群,建设综合型旅游度假区。

第二阶段。推动世界级旅游度假区协同周边区域创建国家全域旅游示范区、打造世界旅游目的地,构建具有旅游度假区特点的全域旅游创建工作体系。加强旅游人才智库对世界级旅游度假区的支持,在旅游度假区打造一流的营商环境,推进旅游度假区的可持续发展。

第三阶段。进一步完善旅游度假区的基础设施和公共服务,完善旅游度假区的社会治理格局,完善体制机制保障。推动旅游度假区建立游客满意度调查和评价机制,通过精细化服务提升旅游服务品质,保障各项服务水平能够达到国际水准。

第四阶段。大力实施世界一流旅游知名度提升工程,积极拓展旅游度假区的对外营销平台,加强与相关国际组织合作,提升旅游度假区的全球影响力,将旅游度假区建成对外文化交流和文明对话的平台窗口。

第四节 组织实施

一、顶层谋划设计

(一)建立领导机制

制定《世界级旅游度假区总体工作方案》。加强旅游度假区发展的顶层谋划设计,推动各级旅游度假区向高品质方向升级,鼓励不同类型旅游度假区多元化发展,支持不同层次旅游度假区共同发展,建设一批世界级旅游度假区。

组建世界级旅游度假区建设领导小组。负责顶层设计、宏观规划、统筹协调、试点遴选、创建提升、评估验收、动态支持等重要任务。文化和旅游部、发展改革委、财政部、交通运输部、自然资源部等部委负责政策保障、项目支持、监督管理等工作。各部委将世界级旅游度假区建设纳入"十四五"总体工作中统筹考虑。

组建世界级旅游度假区建设领导小组办公室。加强世界级旅游度假区工作与《"十四五"文化和旅游发展规划》《"十四五"旅游业发展规划》等规划衔接，并通过相关专项资金给予引导支持。

（二）开展课题研究

开展《世界级旅游度假区建设研究》课题工作。立足我国旅游度假区发展现状，借鉴世界知名旅游度假区成功经验，研究世界级旅游度假区的共性特征，提出我国建设世界级旅游度假区的发展路径、发展理论、发展路径、发展条件、重点任务、评价指标和工作方案。

（三）发布指导文件

发布《关于推进世界级旅游景区和度假区建设的指导意见》。明确世界级旅游度假区的发展思路、建设目标、重点任务和保障措施，明确各部委分工。

发布世界级旅游度假区指引文件。发布《世界级旅游度假区建设指引》《世界级旅游度假区评价指引》，明确世界级旅游度假区建设的总体要求、主要任务、保障机制、评价体系等。

（四）组建专家团队

专家团队由"政产学研用投"等多领域专家组成的，可适当引入国际专家参与，涵盖世界级旅游度假区建设的需求、管理、运营、投资、科研、人才等多个领域，形成协同创新优势，打造世界级旅游度假区"政产学研用投"协同创新平台。

专家团队承担世界级旅游度假区的试点遴选和评估验收职能，但更多的是在世界级旅游度假区培育过程中提供指导和服务，在世界级旅游度假区建成后提供持续性服务。

二、确定培育试点

（一）制定培育方案

制定《世界级旅游度假区培育工作方案》。明确世界级旅游度假区培育工作的总体要求、培育对象、申报条件、遴选流程、培育期限、培育任务、评价验收、后续服务等具体工作内容。

（二）组织地方申报

鼓励各省、自治区、直辖市的主管部门积极申报"世界级旅游度假区培育试点"。各省、自治区、直辖市应深入研究《世界级旅游度假区建设指引》《世界级旅游度假区评价指引》的发展思路和工作要求，准确把握内涵和目标，科学分析发展现状、科学评估发展潜力，择优申报世界级旅游度假区培育试点。

世界级旅游度假区试点的培育对象，应体现"文化和旅游融合发展、核心度假产品集群化发展、旅游目的地整体发展"的原则，可打破现有旅游度假区空间边界。

在遵循"旅游度假区内部应有紧密的产业联系并共享旅游市场"原则的基础上，鼓励在现有旅游度假区基础上整合周边资源和区域来申报，鼓励相邻国家级旅游度假区跨行政区联合申报。

（三）提交申报材料

符合《世界级旅游度假区建设指引》《世界级旅游度假区评价指引》要求并自愿申报培育试点的省、自治区、直辖市，提交培育对象的以下材料：（1）世界级旅游度假区空间范围；（2）世界级旅游度假区总体规划或发展思路；（3）文化和旅游融合发展规划或思路；（4）重点旅游项目现状分析和未来规划；（5）旅游客源市场和游客满意度分析报告。

（四）专家研究论证

专家团队审读各地区提交的申报材料，研究培育对象建设世界级旅游度假区的优势和劣势，论证培育对象按时建成世界级旅游度假区的必要性和可行性。

专家团队实地考察部分培育对象，了解旅游度假区的领导机制、资源情况、文旅融合、发展现状、市场条件、产品业态和发展潜力等情况。

（五）确定培育名单

专家团队根据申报材料、调研报告等材料，召开会议并投票确定世界级旅游度假区培育试点建议名单，提交世界级旅游度假区建设领导小组。

世界级旅游度假区建设领导小组根据专家建议名单，统筹考虑确定世界级旅游度假区培育试点名单，并面向全社会公布。

三、指导创建提升

（一）建立指导机制

建立世界级旅游度假区培育试点的指导和服务机制。充分发挥"政产学研用投"专家团队的咨询作用，组织市场需求、旅游规划、文化创意、旅游管理、投资融资等各类专家开展建设评价、诊断、指导等工作。

推进世界级旅游度假区培育试点指导和服务的常态化长效化。按建设周期跟踪评估建设进展，在建设期末对建设成效进行整体评价。根据建设进展和整体评价情况，动态调整支持方式和支持力度。

（二）营造共建格局

建设世界级旅游度假区是一项长期任务，需要各方共同努力，完善政府和企业相结合的共建机制，形成多元化投入、合力支持的格局。

将世界级旅游度假区建设纳入文化和旅游发展重大战略，结合与培育试点相关的其他重大工程、重大计划，形成世界级旅游度假区建设与其他重大工程互相支撑、协同推进的格局。

鼓励有关部门和行业企业积极参与世界级旅游度假区建设。围绕培养所需的规划设计、投资融资、管理运营、市场营销等问题，依托"政产学研用投"协同创新平台，通过全社会力量来营造共建大格局。

（三）完善领导机制

充分发挥地方党委在世界级旅游度假区建设全程的领导核心作用，推动重大安排部署的科学决策、民主决策和依法决策，确保培育工作方案全面落地。

明确并落实地方政府在世界级旅游度假区建设中的主体责任，增强建设的责任感和使命感。

健全地方的世界级旅游度假区建设管理机构，创新管理体制与运行机制，建立内部监测评价制度，按年度发布建设进展报告，加强督导考核。

（四）优化顶层设计

深入研究培育试点的领导机制、资源情况、发展现状、市场条件、产业经济和发展潜力等，科学编制世界级旅游度假区建设总体规划，提出具体的建设目标、任务和措施，明确重点项目、建设内容和资金来源等安排。

组织专家团队针对世界级旅游度假区建设总体规划开展咨询论证，

结合国家战略需要和经济社会发展需求，对建设总体规划的科学性、可行性进行咨询论证，提出意见建议。

（五）提供发展支持

跟踪培育试点的世界级旅游度假区建设进程，梳理试点在规划设计、项目建设、基础设施、社会治理、可持续发展、人力资源、营商环境、国际合作、政策保障等方面遇到的问题和瓶颈，整合"政产学研用投"协同创新平台资源，积极提供发展支持，形成政府和社会共同建设、合力支持的格局。

（六）加强绩效分析

提升试点在培育过程中的绩效监测评价能力，支持培育试点开展游客满意度调查，加强培育试点旅游经济研究。强化跟踪指导，对建设世界级旅游度假区的绩效实施动态监测，及时发现建设中存在的问题，提出改进意见，优化旅游产品和服务，建立动态提升机制。建立信息公开公示网络平台，接受社会公众监督。

四、试点评价验收

（一）确定评价原则

在世界级旅游度假区试点的评价过程中，坚持"需求导向"和"结果导向"原则，更加强调发展绩效、更加强调人民满意、更加强调创新发展。

加强对全球旅游度假区发展趋势的跟踪研究，加强对我国世界级旅游度假区培育试点的特征分析和经验总结，修订完善《世界级旅游度假区建设指引》《世界级旅游度假区评价指引》。

发布《世界级旅游度假区验收工作方案》，遴选出"具有世界级的核心度假产品集群和旅游服务体系，能够吸引国内外游客前来旅游、度假和旅居，能够满足游客的文化体验、主题娱乐、运动健身、休闲游憩、研学教育、医养康养等旅游度假需求"的培育试点，验收成为世界级旅游度假区。

（二）完善验收机制

以《世界级旅游度假区建设指引》《世界级旅游度假区评价指引》为基础，探索建立中国特色的世界级旅游度假区评价验收机制，以文化底蕴、品牌形象、游客满意度、旅游服务体系和旅游产业规模为核心要素，定性和定量、主观和客观相结合，重点考察世界级的产业规模和知名度。鼓励第三方独立开展建设过程及建设成效的监测评价。

五、动态发展机制

（一）加强推广示范

总结我国世界级旅游度假区培育过程中的改革举措、创新经验和典型做法，通过文件、会议、培训、考察等多种方式，面向全国宣传推广，指导各地各级旅游度假区建设，形成世界级旅游度假区分期培育、滚动发展的局面。

（二）长期支持机制

对于培育成功的世界级旅游度假区，建立长期发展支持机制，持续提供发展指导和服务。鼓励世界级旅游度假区保持创新活力和发展动力，支持世界级旅游度假区进一步做强做大，在激烈的世界旅游度假胜地竞争中持续保持核心竞争力。

（三）综合协调机制

建立健全世界级旅游度假区建设协调工作机制，创新中央地方共建合建机制，统筹推进世界级旅游度假区高质量发展，实现政策协同、分工协同、落实协同、效果协同。

（四）数据支持机制

建设我国旅游度假区大数据平台，发布旅游度假区发展报告和指数。围绕旅游度假区对国民经济和社会发展的综合贡献，建立更科学的统计监测制度。综合运用第三方评估、社会监督评价等方式，科学研究旅游度假区发展演变、客源市场结构、旅游者行为规律、旅游发展质量和效益，建立游客满意度调查和评价机制，为世界级旅游度假区的高质量发展提供理论和数据支撑。

第五节　工 作 计 划

本书为中国世界级旅游度假区制订包含 5 个阶段的工作计划，分别为：第 1 阶段顶层谋划设计、第 2 阶段确定培育试点、第 3 阶段指导创建提升、第 4 阶段试点评价验收、第 5 阶段动态发展机制。

在第 1 阶段顶层谋划设计中，设置建立领导机制、开展课题研究、发布指导文件、组建专家团队共 4 类工作细项。在第 2 阶段确定培育试点中，设置制定培育方案、组织地方申报、提交申报材料、专家研究论证、确定试点名单共 5 类工作细项。在第 3 阶段指导创建提升中，设置建立指导机制、营造共建格局、完善领导机制、优化顶层设计、提供发展支持、加强绩效分析共 6 类工作细项。在第 4 阶段试点评价验收中，设置确定评价原则、完善验收机制共 2 类工作细项。在第 5 阶段动态发展机制中,设置加强推广示范、长期支持机制、综合协调机制、数据支持机制共 4 类工作细项。详细内容见表 9 - 1。

表 9 - 1　　　　　　　　　　　　　工作计划

工作阶段	工作细项	主要工作内容
第 1 阶段顶层谋划设计	(1) 建立领导机制	①制定《世界级旅游度假区总体工作方案》 ②组建世界级旅游度假区建设领导小组 ③成立世界级旅游度假区建设领导小组办公室
	(2) 开展课题研究	①研究旅游度假区发展历史和路径 ②研究旅游度假区发展理论 ③研究居民休闲度假行为 ④研究世界知名旅游度假区成功经验 ⑤研究世界级旅游度假区的概念和发展路径 ⑥研究建设世界级旅游度假区重点任务 ⑦研究建设世界级旅游度假区工作方案 ⑧研究建设世界级旅游度假区评价指标
	(3) 发布指导文件	①发布《关于推进世界级旅游景区和度假区建设的指导意见》 ②发布《世界级旅游度假区建设指引》《世界级旅游度假区评价指引》
	(4) 组建专家团队	①组建由"政产学研用投"等多领域专家组成的专家团队 ②打造世界级旅游度假区"政产学研用投"协同创新平台 ③建立常态化工作机制 ④积极组织专家团队开展试点遴选和评估验收工作
第 2 阶段确定培育试点	(1) 制定培育方案	制定并发布《世界级旅游度假区培育工作方案》
	(2) 组织地方申报	鼓励各省、自治区、直辖市的主管部门积极申报"世界级旅游度假区培育试点"
	(3) 提交申报材料	符合《世界级旅游度假区建设指引》《世界级旅游度假区评价指引》要求并自愿申报培育试点的省、自治区、直辖市,向世界级旅游度假区建设领导小组提出申请并提交材料

续表

工作阶段	工作细项	主要工作内容
第2阶段 确定培育 试点	（4）专家研究论证	①专家团队审读各地区提交的申报材料 ②专家团队实地考察部分培育对象
	（5）确定试点名单	①专家团队确定世界级旅游度假区培育试点建议名单 ②世界级旅游度假区建设领导小组统筹考虑确定世界级旅游度假区培育试点名单
第3阶段 指导创建 提升	（1）建立指导机制	①建立世界级旅游度假区建设过程的指导和服务机制 ②推进世界级旅游度假区指导和服务的常态化长效化
	（2）营造共建格局	①将世界级旅游度假区建设纳入文化和旅游发展重大战略、重点规划 ②争取将世界级旅游度假区建设纳入文化和旅游部、发展改革委、交通运输部、自然资源部、卫生健康委、民政部、体育总局等部门的重大工程、重大计划，形成多部门合力支持的格局 ③争取将世界级旅游度假区建设纳入地方各级政府发展规划和项目体系，形成各级政府联动支持的格局 ④鼓励行业企业、金融企业、社会组织等积极参与世界级旅游度假区的投资融资、管理运营、市场营销等环节，形成全社会共建格局
	（3）完善领导机制	①充分发挥地方党委在世界级旅游度假区建设全程的领导核心作用 ②明确并落实地方政府在世界级旅游度假区建设中的主体责任 ③健全地方的世界级旅游度假区建设管理机构
	（4）优化顶层设计	①科学编制世界级旅游度假区建设总体规划 ②针对世界级旅游度假区建设总体规划开展咨询论证
	（5）提供发展支持	①梳理地方建设世界级旅游度假区遇到的问题和瓶颈 ②落实《世界级旅游度假区建设指引》《世界级旅游度假区评价指引》，整合政府、企业、专家等资源，为地方积极提供发展支持 ③与培育对象建立对口工作机制，以季度为周期提供发展指导和支持
	（6）加强绩效分析	①提升地方在培育过程中的绩效监测评价能力 ②指导地方开展游客满意度调查 ③指导地方加强旅游度假区的旅游经济研究 ④以季度为周期，对培育试点的绩效实施动态监测

工作阶段	工作细项	主要工作内容
第4阶段 试点评价 验收	（1）确定评价原则	①加强对全球知名旅游度假区现状特征和发展趋势的跟踪研究 ②加强对我国世界级旅游度假区培育试点的特征分析和经验总结 ③修订完善《世界级旅游度假区建设指引》《世界级旅游度假区评价指引》 ④发布《世界级旅游度假区验收工作方案》
	（2）完善验收机制	①探索建立中国特色的世界级旅游度假区评价验收机制 ②鼓励第三方独立开展建设过程及建设成效的监测评价 ③组织开展世界级旅游度假区培育试点的验收工作 ④论证确定符合要求的世界级旅游度假区
第5阶段 动态发展 机制	（1）加强推广示范	①总结我国世界级旅游度假区培育过程中的改革举措、创新经验和典型做法 ②通过文件、会议、培训、考察等多种方式，面向全国宣传推广
	（2）长期支持机制	①建立世界级旅游度假区长期支持发展机制 ②充分发挥"政产学研用投"专家团队优势，持续提供发展指导和服务
	（3）综合协调机制	①建立健全世界级旅游度假区部际协调工作机制 ②创新世界级旅游度假区中央地方共建合建机制 ③统筹推进世界级旅游度假区高质量发展
	（4）数据支持机制	①建设我国旅游度假区大数据平台 ②发布旅游度假区发展报告和指数 ③建立旅游度假区统计监测体系

参 考 文 献

［1］Ahn, Jiseon, Ki – Joon Back. Integrated Resort: a Review of Researchand Directions for Future Study ［J］. *International Journal of Hospitality Management*, 2018（69）: 94 – 101.

［2］Bachvarov, Marin. Troubled Sustainability: Bulgarian Seaside Resorts ［J］. *Tourism Geographies*, 1999, 1（2）: 192 – 203.

［3］Baud – Bovy, Manuel, Fred R. Lawson. *Tourism and Recreation: Handbook of Planning and Design* ［M］. Jordan Hill: Architectual Press. 1998.

［4］Brey, Eric T. A Taxonomy for Resorts ［J］. *Cornell Hospitality Quarterly*, 52（3）: 2011, 283 – 290.

［5］Brey, Eric T. , Alastair M. Morrison, and Juline E. Mills. An Examination of Destination Resort Research ［J］. *Current Issues in Tourism*, 2007, 10（5）: 415 – 442.

［6］Brey, Eric T. , David B. Klenosky, Xinran Lehto, Alastair M. Morrison. Standard Hospitality Elements at Resorts: an Empirical Assessment ［J］. *Journal of Travel Research*, 2008, 47（2）: 247 – 258.

［7］Butler, Richard, Adi Weidenfeld. Cooperation and Competition During the Resort Lifecycle ［J］. *Tourism Recreation Research*, 2012, 37（1）: 15 – 26.

［8］Canosa, Antonia, Harjap Bassan, Graham Brown. Examining Social Relations between Adolescent Residents and Tourists in an Italian Coastal Resort [J]. *Journal of Tourism Studies*, 2001, 12 (1): 50 – 59.

[9] Clegg, Andrew, Stephen Essex. Restructuring in Tourism: the Accommodation Sector in a Major British Coastal Resort [J]. *International Journal of Tourism Research*, 2000, 2 (2): 77 – 95.

[10] Cockerell, N. Spas and Health Resorts in Europe [J]. *Travel & Tourism Analyst*, 1996 (1): 53 – 77.

[11] Coles, T. What Makes a Resort Complex? Reflections on the Production of Tourism Space in a Caribbean Resort Complex [A]. In D. T. Duval. Eds. *Tourism in the Caribbean: Trends, Development, Prospects* [C]. London: Routledge, 2004.

[12] Crotts, John C. The Purchase Involvement of Repeat Visitors to a Destination Resort [J]. *Visions in Leisure and Business*, 1990, 9 (3): 12 – 26.

[13] Cummings, L. E. Waste Minimisation Supporting Urban Tourism Sustainability: A Mega – Resort Case Study [J]. *Journal of Sustainable Tourism*, 1997, 5 (2): 93 – 108.

[14] D'Hauteserre, Anne – Marie. Destination Branding in a Hostile Environment [J]. *Journal of Travel Research*, 2001, 39 (3): 300 – 307.

[15] D'Hauteserre, Anne – Marie. Representations of Rurality: Is Foxwoods Casino Resort Threatening the Quality of Life in Southeastern Connecticut? [J]. *Tourism Geographies*, 2001, 3 (4): 405 – 429.

[16] Diamantis, Dimitrios, John Westlake. Environmental Auditing: An Approach Towards Monitoring the Environmental Impacts in Tourism Destinations, with Reference to the Case of Molyvos [J]. *Progress in Tourism and Hospitality Research*, 1997, 3 (1): 3 – 15.

[17] Dwyer, Larry, Gregory Teal, Sharon Kemp. Organisational Cul-

ture & Strategic Management in a Resort Hotel [J]. *Asia Pacific Journal of Tourism Research*, 1998, 3 (1): 27 – 36.

[18] Gilbert, E. W. The Growth of Brighton [J]. *The Geographical Journal*, 1949, 114 (1/3): 30 – 52.

[19] Gilbert, E. W., B. Litt. The Growth of Inland and Seaside Health Resorts in England [J]. *Scottish Geographical Magazine*, 1939, 55 (1): 16 – 35.

[20] Hammes, David L. Resort Development Impact on Labor and Land Markets [J]. *Annals of Tourism Research*, 1994, 21 (4): 729 – 744.

[21] Henry, Ben. Self-contained All-inclusive Resort-hotels and Small Tourism Business in Jamaica [J]. *The Tourist Review*, 1989, 44 (2): 17 – 18.

[22] Jafari, Jafar. eds. *Encyclopedia of Tourism* [M]. London: Routledge, 2000.

[23] King, B. and P. Whitelaw. Resorts in Australian Tourism: a Recipe for Confusion [J]. *Journal of Tourism Studies*, 1992, 3 (2): 41 – 48.

[24] Knowles, Tim, Simon Curtis. The Market Viability of European mass Tourist Destinations: a Post-stagnation Life-cycle Analysis [J]. *International Journal of Tourism Research*, 1999, 1 (2): 87 – 96.

[25] Liu, Jia, Geoffrey Wall. Resort Morphology Research: History and Future Perspectives [J]. *Asia Pacific Journal of Tourism Research*, 2009, 14 (4): 339 – 350.

[26] Maye, Adewale. *No – Vacation Nation, Revised* [R]. Washington, DC: Center for Economic and Policy Research, 2019.

[27] Meyer, Robert A. China Will Try Destination Resorts, But Planning Vagueness Is Evident [J]. *Journal of Travel & Tourism Marketing*,

1997, 5 (4): 85 - 93.

[28] Mill, Robert Christie. *Resorts: Management and Operation* [M]. Third Edition. Hoboken, New Jersey: John Wiley & Sons, 2012.

[29] Mundet, Lluís, Lluís Ribera. Characteristics of Divers at a Spanish Resort [J]. *Tourism Management*, 2001, 22 (5): 501 - 510.

[30] Murphy, Peter. *The Business of Resort Management* [M]. First Edition. Oxford: Butterworth - Heinemann, 2008.

[31] Prideaux, Bruce. *Resort Destinations: Evolution, Management and Development* [M]. Oxford: Butterworth - Heinemann, 2009.

[32] Prideaux, Bruce. The Resort Development Spectrum: a New Approach to Modeling Resort Development [J]. *Tourism Management*, 2000, 21 (3): 225 - 240.

[33] Prideaux, Bruce. The Resort Development Spectrum: the Case of The Gold Coast, Australia [J]. *Tourism Geographies*, 2004, 6 (1): 26 - 58.

[34] Simpson, Patty, Geoffrey Wall. Consequences of Resort Development: a Comparative Study [J]. *Tourism Management*, 1999, 20 (3): 283 - 296.

[35] Smith, Russell Arthur. Beach Resort Evolution: Implications for planning [J]. *Annals of Tourism Research*, 1992, 19 (2): 304 - 322.

[36] State of Hawaii Department of Business Economic Development and Tourism. *The State of Hawaii Data Book* 2022 [R]. Honolulu: State of Hawaii, 2023a.

[37] State of Hawaii Department of Land and Natural Resources. *Hawaii State Parks* [R]. Honolulu: State of Hawaii, 2015.

[38] State of Hawaii Department of Land and Natural Resources. *Resident Sentiment Survey - Spring* 2023 [R]. Honolulu: State of Hawaii,

2023b.

［39］ Stiles, R. B. and W. See – Tho. Integrated Resort Development in the Asia Pacific region ［J］. *Travel & Tourism Analyst*, 1991 （3）: 22 – 37.

［40］ United Nations. *World Population Prospects* 2019 ［R］. New York: United Nations, 2019.

［41］ World Tourism Organization. *An Integrated Approach to Resort Development: Six Case Studies* ［M］. Madrid, Spain: World Tourism Organization. 1992.

［42］ World Tourism Organization. *Recreation Management of Tourist Resorts* ［M］. Madrid, Spain: World Tourism Organization, 1973.

［43］ Worthington, Barry. Change in an Estonian Resort: Contrasting Development Contexts ［J］. *Annals of Tourism Research*, 2003, 30 （2）: 369 – 385.

［44］ Yu, Larry. China's Hotel Industry: Assessment and Prospects ［J］. *Journal of Vacation Marketing*, 1998, 4 （4）: 368 – 380.

［45］ 国家发展和改革委员会. "十四五"扩大内需战略实施方案 ［R］. 2022.

［46］ 国家市场监督管理总局、国家标准化管理委员会. 旅游度假区等级划分 （GB/T 26358 – 2022）［S］. 2022.

［47］ 国家卫生健康委疾病预防控制局. 中国居民营养与慢性病状况报告 （2020 年）［R］. 北京: 人民卫生出版社, 2021.

［48］ 国家质量监督检验检疫总局、国家标准化管理委员会. 旅游度假区等级划分 （GB/T 26358 – 2010）［S］. 北京: 中国标准出版社, 2011.

［49］ 国家统计局. 中华人民共和国 2022 年国民经济和社会发展统计公报 ［R］. 2023.

［50］ 国务院. "十四五"旅游业发展规划 ［R］. 2021.

[51] 国务院. 国务院关于试办国家旅游度假区有关问题的通知 [R]. 1992.

[52] 国务院. 职工带薪年休假条例 [R]. 2007.

[53] 国务院. 中华人民共和国国民经济和社会发展第十四个五年规划和 2035 年远景目标纲要 [R]. 2021.

[54] 文化和旅游部. 部分世界知名度假区和度假地参考资料 [R]. 2020.

[55] 文化和旅游部. 国家级旅游度假区等级评价细则 [R]. 2023.

[56] 文化和旅游部. 国家级旅游度假区管理办法 [R]. 2019.

[57] 中共中央,国务院. 国家综合立体交通网规划纲要 [R]. 2021.

[58] 中共中央,国务院. 扩大内需战略规划纲要（2022 – 2035 年）[R]. 2022.

[59] 中共中央办公厅,国务院办公厅. "十四五"文化发展规划 [R]. 2022.

[60] 中国旅游研究院. 为谁休闲为谁忙？——2015 国民休闲调查报告 [R]. 2015 年 9 月 5 日《旅游内参》. 北京：中国旅游研究院, 2015.

[61] 中国旅游研究院. 中国国内旅游发展年度报告 2022 [R]. 北京：旅游教育出版社, 2022.

[62] 中国旅游研究院. 中国休闲发展年度报告 2017—2018 [R]. 北京：旅游教育出版社, 2018.

[63] 文化和旅游部. "十四五"文化产业发展规划 [R]. 2021.